MISOPHILANTHROPOPANUTOPIES.

PARIS. — IMPRIMERIE DE COSSON,
RUE SAINT-GERMAIN-DES-PRÉS, N° 9.

MISOPHILANTHROPOPANUTOPIES

PAR

𝕮harles 𝕷emesle.

> Gens de bien, Dieu vous saulve et guard!...
> Où estes-vous? Je ne vous peuz veoir...,..
> Attendez que je chausse mes lunettes.
> (FRANÇOIS RABELAIS.)

PARIS.
MADAME CHARLES-BÉCHET
LIBRAIRE-ÉDITEUR,
QUAI DES AUGUSTINS, N° 59.

MDCCCXXXIII.

Je pourrais dire aussi bien que Montaigne : « C'est icy un livre de bonne « foy, » car vous n'y trouverez pas une idée qu'à sa naissance je n'aie embrassée avec amour. Seulement, vous en trouverez quelques unes dont j'ai reconnu depuis le mauvais caractère, et dont je désavoue hautement les impertinences : par exemple, celles qui se donnent les airs d'une doucereuse philanthropie.

Jeune encore, je suis vieux déjà, et j'ai vieilli vite : mes cheveux, comme ceux de Marie-Antoinette, ont blanchi en une nuit. Au jour, elle a perdu la vie et moi mes illusions; ainsi qu'elle, j'ai maudit le jour et suis entré dans un autre monde.

MISOPHILANTHROPOPANUTOPIES.

I.

Les hommes qui pensent toujours ce qu'ils disent ont le tort de se croire en droit de dire toujours ce qu'ils pensent.

II.

Le sot trouve autant de plaisir à se rendre inintelligible que l'homme d'esprit à se faire comprendre.

III.

La science du bonheur est toute négative : repoussons ce qui le détruit, mais ne cherchons pas ce qui le constitue.

IV.

Parce que cet homme a l'air froid, chagrin et dédaigneux, vous lui témoignez une sorte de respect craintif, que je lui refuse après m'être dit : C'est qu'il est mécontent de lui-même, des autres ou des choses, et peut-être à la fois des autres, des choses et de lui-même ; ou bien, c'est qu'ayant remarqué qu'en fait de considération, nous recevons souvent d'autant plus que nous donnons moins, il joue un rôle. Or, dans les deux premiers cas je le plains, dans le dernier je le méprise ; et voilà tout.

V.

Après une pluie, je remarque sur les

feuilles d'un arbuste des gouttes d'eau si limpides qu'on croirait voir autant de diamans : que leur manque-t-il en effet pour mériter ce nom ? la solidité. Je les compare à certains caractères.

VI.

La femme qui nous cède a de la passion; celle qui en aime un autre a de la coquetterie.

VII.

Quelque mécontens de nous-mêmes que nous soyons, nous nous jugeons toujours plus favorablement que ne le fait le meilleur de nos amis.

VIII.

Habitué à démêler les vrais motifs des

actions humaines, souvent, dans le fond du cœur, l'homme éclairé reste insensible aux bons comme aux mauvais procédés.

IX.

Les philosophes se plaignent de n'être pas compris, les artistes de n'être pas sentis : c'est qu'on voudrait jouir sans peine du fruit de leurs travaux; que la méditation seule peut former la raison et le goût, et que malheureusement la méditation est pénible.

X.

La sottise de ces docteurs qui se sont avisés de faire du suicide un crime me paraît semblable à celle des Orientaux, qui, par respect pour leur prince, plutôt que de porter la main sur lui, le laisseraient rouler au fond d'un précipice.

XI.

Pourquoi aime-t-on si peu à louer et prend-on tant de plaisir à médire?

J'en trouve plusieurs raisons : d'abord il est certain que les hommes cachent tant qu'ils peuvent leurs défauts, tandis qu'ils exposent au grand jour leurs qualités réelles ou feintes : or la médisance paraît apercevoir ce qu'on lui cache ; la bienveillance semble ne voir que ce qu'on lui fait voir. Pour penser avantageusement des hommes, il ne faut que les croire sur parole; il faut, au contraire, n'ajouter aucune foi à ce qu'ils disent pour savoir ce qu'ils sont.

Cette apparence de pénétration flatte notre amour-propre; et comme il est plus long d'observer que d'imaginer, pour n'avoir pas la peine de lever le masque, nous défigurons les traits : nous supposons des défauts et des ridicules, nous nions des qualités positives.

Cette disposition à la malignité prend encore sa source dans l'envie, passion beaucoup plus générale qu'on ne le pense, et dont souvent se défendent de très-bonne foi ceux-mêmes qui en sont le plus susceptibles.

Indépendamment de toute passion basse, le désir seul de se faire écouter peut rendre médisant. Les louanges excitent assez communément sur la physionomie du tiers-auditeur une contraction musculaire, indice du malaise qu'elles lui font éprouver : il serait tenté de payer de sa malveillance l'expression d'une bienveillance qui lui est étrangère ; mais la critique, juste ou fausse, amènera le sourire sur ses lèvres : blâmer tel défaut en sa présence, c'est presque lui dire qu'on l'en croit exempt.

XII.

Éraste a six cent mille francs de revenu. L'un de ses nombreux châteaux est situé dans un hameau chétif habité par de pauvres bûcherons. — Éraste sans doute fait là beaucoup de bien?—Autant de bien que le commerce peut en produire... Vous ne m'entendez pas? Je vais m'expliquer : Éraste entretient dans ce château de superbes vaches; et comme elles lui rendent plus de lait qu'il n'en consomme, il vend aux paysans du beurre et des fromages. Je suppose qu'il vînt à perdre sa fortune: il rougirait sottement de subsister par ce genre d'industrie; et il ne rougit point de vendre à des malheureux, pour augmenter son superflu, ce qu'il pourrait leur donner pour diminuer leur misère.

XIII.

Ceux-mêmes qui combattent avec le plus d'ardeur le système de la perfectibilité indéfinie de l'esprit humain ne sauraient en détruire en eux le sentiment. Nous pouvons aimer les siècles passés, mais nous respectons les générations à venir.

Nous disons tous : *Nos bons aïeux;* il serait fort ridicule de dire : *Nos bons descendans.* Nous voyons les premiers dans une atmosphère de simplicité, de candeur et de bonhomie ; mais les autres s'offrent à nos regards tout resplendissans de lumière.

Nous ne parlons guère de la postérité sans que nos expressions s'ennoblissent.

Nous avons tous pour nos enfans une vénération craintive.

XIV.

Il ne faut pas faire plus de fond sur les femmes que sur le printemps.

XV.

Les idées philosophiques, objets de luxe pour la plupart des hommes, leur plaisent, non quand elles sont utiles, mais quand elles sont tirées de bien loin.

XVI.

J'avoue qu'il faut être vertueux pour

être heureux, mais j'avance qu'il faut être heureux pour être vertueux.

XVII.

Quand un homme naturellement sincère, excité par un intérêt puissant, se détermine pour une fois à mentir, souvent il déploie plus de fausseté que le menteur de profession. Celui-ci, en effet, proportionne la feinte au besoin qu'il en a, et l'autre à la peur qu'il éprouve.

XVIII.

Souvent la timidité rend l'homme d'esprit aimable : son effet ordinaire sur le sot est de le rendre stupide.

XIX.

Certaines femmes calculent la santé d'un homme comme un usurier l'intérêt d'un capital.

XX.

Le moraliste, en général, borne ses fonctions à celles d'un trompette de régiment : après avoir sonné la charge et fait beaucoup de bruit, il se croit dispensé de payer de sa personne.

XXI.

Si nous nous abusons moins sur les sentimens qu'on nous inspire que sur ceux que nous croyons inspirer, c'est que notre amour-propre est ordinairement moins intéressé à nous persuader que nous aimons, qu'il ne l'est à nous faire croire que nous sommes aimés.

XXII.

Nous jugeons autrui d'après les lois, les coutumes, les bienséances : pour nous juger, nous remontons à l'état de nature.

XXIII.

Je compare la force des passions humaines à la faiblesse de notre raison ; je considère qu'en fait de folie, absence suppose ordinairement impuissance ; et je dis des hommes ce qu'ils disent souvent des enfans, *qu'ils sont sages quand ils dorment.*

XXIV.

Il faudrait, pour bien faire, que les rois fussent des demi-dieux, et la plupart ne sont que des demi-hommes. Pour remédier à cela, ils ont pris le moyen, si ce n'est le meilleur, du moins le plus commode : au lieu de s'élever, ils abaissent ceux qui les entourent. C'est ainsi qu'ils choisissent dans des familles illustrées leurs *valets de chambre*, leurs *chambellans*, leurs *veneurs*, leurs *maîtres-d'hôtel*, etc. Comment en effet un monarque, au milieu de tout ce monde-là, ne lèverait-il pas la tête, toujours avec fierté, souvent avec dédain? Il est le seul homme

de sa cour qui ne soit pas un domestique.
— Un nain, quand il contemple une fourmilière, est tenté de se croire un géant.

XXV.

Les femmes aiment beaucoup les braves, mais plus encore les audacieux.

XXVI.

Nous savons gré aux méchans de tout le mal qu'ils négligent de faire, et nous faisons un crime aux bons de tout le bien qu'ils ne peuvent accomplir.

XXVII.

Personne ne vit moins tranquille que

l'homme toujours occupé du soin de sa tranquillité.

XXVIII.

Réduite à sa plus simple expression, une fraction devient plus commode sans rien perdre de sa valeur : il en est de même de la vie.

XXIX.

Il est plus doux d'aimer que d'être aimé. Voilà pourquoi nous regrettons si vivement les gens que nous aimons, encore que nous ayons lieu de douter de leur affection; tandis que la perte de ceux qui nous aiment, si nous ne les payons pas de retour, nous laisse froids et insensibles.

Nous éprouvons le besoin d'être aimés, et nous concevons une haute idée de notre sensibilité : ce n'en est là qu'un témoignage fort équivoque. L'égoïsme, joint au sentiment de notre faiblesse, peut être en nous l'unique cause de ce besoin, d'où résultent souvent l'exigence et la susceptibilité, qui ne sont pas incompatibles avec la sécheresse du cœur.

Éprouvons-nous le besoin d'aimer ? nous croirons facilement qu'on nous aime ; nous n'irons point porter sur les sentimens de nos amis l'œil calculateur d'un amour-propre vigilant. L'expérience même pourra nous détromper mais ne nous corrigera point : comme les Orientaux, nous couperons la tête du despote sans détruire le despotisme. L'égoïste est un avare qui crie qu'on le vole quand il ne reçoit pas le centuple de ce qu'il donne; l'homme sensible est un millionnaire qui donne sans cesse sans jamais s'épuiser.

Jetons les yeux sur la société : qu'y voyons-nous? De prétendus philosophes désabusés de tout, hors de leur mérite, qui, sentant le peu qu'ils valent, devinent le peu qu'ils inspirent. La vanité les étouffe : ils cherchent des admirateurs, et se plaignent de ne pas trouver d'amis.

Le désabusement est la maladie dominante du siècle : la gloire, l'amour, l'amitié, ces nobles chimères des âmes fortes, ne peuvent émouvoir nos âmes énervées ; nous ne sommes même pas susceptibles de l'enthousiasme de la raison.

Et tu veux trouver un ami !... Penses-tu que tes plaintes exagérées sur l'insensibilité d'autrui nous soient un sûr garant de ta sensibilité? Elles prouvent seulement que tu ne te suffis point à toi-même. Tu prends les rêves de l'ennui pour les élans de l'âme. Va, crois-moi, ne donne pas à tes désirs plus d'étendue que n'en ont tes sentimens : le seul bonheur fait pour toi se restreint aux pâles et mornes jouissances de la personnalité.

D'autres se vantent d'être adorés de leurs amis pour faire croire qu'ils méritent de l'être, comme les pauvres qui déguisent leur indigence pour la faire cesser, et se feignent riches pour le devenir.

Celui-ci, éblouissant son ami, sa maîtresse, par un fastueux étalage de sentimens joués, s'applaudit intérieurement, à l'imitation d'Aristippe, de les posséder sans en être possédé, et ne paie pas même en reconnaissance ce qu'il croit ne devoir qu'à son adresse.

Cet autre enfin, sachant que l'inégalité du caractère résulte souvent de la sensibilité du cœur, veut qu'on lui tienne compte des accès d'humeur qui l'agitent, et se plaint de l'ingratitude de ceux qu'il croit aimer parce qu'il les tourmente.

Rien de plus commun que ces gens qui regardent comme un droit à notre affection celui qu'ils s'arrogent de troubler notre repos.

Ah! combien diffère de ces tristes portraits celui de l'homme sensible et éclairé! Il n'est pas forcé, pour se croire tendre, de s'exalter l'imagination, et, dans la douce sérénité d'une bienveillance générale, il ne dit pas qu'il faut aimer les hommes, il les aime; il ne contemple point le modèle désespérant d'une amitié chimérique, pour s'affranchir des liens de l'amitié réelle et n'offrir qu'à soi le culte secret de ses affections. Son ami se préfère à lui : il le sait, et se résigne à l'aimer plus que lui-même ; ses enfans, s'élançant dans la vie, mesurent la carrière de leurs avides regards, et n'ont pas toujours les yeux fixés sur leur père qui ne peut les suivre et ne voit qu'eux ; mais comme son cœur palpite quand ils se retournent !... Je m'arrête, sentant que ce détail n'a rien de séduisant pour le lecteur, qui, dans sa sagesse, a déjà fait la balance des profits et pertes d'un tel caractère ; et je termine en appliquant à la sensibilité ce que Montaigne dit de la philosophie : « Celui-là n'est pas digne « de son accointance, qui contre-pèse son « coût à son fruit. »

XXX.

Cette disposition favorable à un homme, que les femmes appellent *caprice*, a cela de particulier pour un caprice, qu'elle est ordinairement fondée sur des raisons fort *solides*.

XXXI.

La crainte est toujours une sotte, et la prévoyance presque toujours une dupe.

XXXII.

Il en est des caractères comme des vins : il n'y a que les meilleurs qui, avec l'âge, gagnent en douceur ce qu'ils perdent en force ; les autres tournent à l'aigre.

XXXIII.

Les pauvres trouvent toujours les riches trop fiers ; les riches ne trouvent jamais que les pauvres le soient assez.

XXXIV.

Les grands et les riches sont des joueurs à qui l'on rend quinze points sur vingt ; et pourtant, quand ils gagnent ils s'applaudissent de leurs talens, et quand ils perdent se plaignent de leur malheur.

XXXV.

On peut comparer la délicatesse de l'âme à la propreté du corps : la minutie en est louable.

XXXVI.

Les ambitieux et les gens du monde ont un beau côté : le bien qu'ils entendent dire de leurs ennemis leur fait encore plus de peine que le mal qu'on dit de leurs amis ne leur fait de plaisir.

XXXVII.

Les femmes font tant de cas de la pudeur, qu'elles veulent toutes en avoir; même celles qui, en fait d'hommes, ne craignent que les voleurs.

XXXVIII.

Les joies de ce monde me rappellent toujours l'état de ces poitrinaires qui ne peuvent rire un peu fort sans tousser aussitôt.

XXXIX.

Il y a peu de vanités paisibles : elles sont toujours en guerre pour soutenir leurs prétentions ou attaquer celles des autres.

XL.

Semblables à la poussière, les gens de cour, quand le temps est au beau, tendant toujours à s'élever, sont mis en mouvement par le vent le plus léger, sans autre résultat que de nous tourmenter et de nous aveugler. Le temps devient-il mauvais ? ils sont bientôt abattus; bientôt même ce n'est plus que de la boue.

XLI.

Il n'est que trop de négocians dont toute l'économie consiste à tenir leurs écritures avec tant d'exactitude, qu'ils savent, jour par jour, à livres, sous et deniers, de combien leurs folles dépenses excèdent leurs moyens, et se ruinent avec un ordre admirable.

XLII.

Le commerce des femmes et la lecture des romans présentent à l'homme raisonnable une fâcheuse alternative : négliger les circonstances intermédiaires et sauter tout de suite au dénouement, c'est perdre bien du plaisir ; ne rien passer, c'est perdre bien du temps.

XLIII.

On dit souvent : *La vie est un combat.* On pourrait ajouter, en réponse aux détracteurs de l'activité : Marchons donc en avant au pas de charge, dans la juste persuasion que ceux qui fuient la mêlée n'y gagnent, la plupart du temps, que d'être frappés par derrière.

XLIV.

Pour l'honnête homme, le meilleur moyen de se faire craindre est de commencer par se faire aimer.

XLV.

Ne comptons sur rien dans la vie, que sur la mort.

XLVI.

La prière est une impiété.

XLVII.

On raisonne toujours mal quand on a peur, et l'on n'a jamais peur quand on sait bien raisonner.

XLVIII.

L'une des maladies le plus à craindre pour un esprit éclairé mais faible, c'est un mécontentement, un dégoût de lui-même qui résulte souvent de ses lumières.

Ce sentiment jette l'âme dans la langueur : elle se méprise, se dédaigne, se juge indigne de ses soins; et dans son fol orgueil, qu'elle prend pour de la modestie, abandonnant aux sots la satisfaction intérieure que procure la vanité, elle cherche une vie calme et insouciante, et tombe dans un engourdissement léthargique. Cet état est fort dangereux : nous sentons le besoin d'en sortir sans en avoir la force; notre activité qui se ranime de temps en temps, manquant d'objets, se tourne contre nous : nous nous agitons, nous nous tourmentons pour des chimères, jusqu'à ce que la fatigue nous replonge dans cette mort anticipée.

Nous sommes avec nous-mêmes de vrais enfans gâtés : l'amour-propre demande trop à la raison, et refuse ce qu'elle lui offre. Il s'emporte, pleure, tempête; mais les larmes et les cris ne remédient jamais à rien.

Les philosophes nous recommandent de nous étudier afin de nous connaître; mais cette étude et cette connaissance ne nous sont-elles pas souvent bien préjudiciables? L'activité sociale (je mets à part celle qui n'est fondée que sur la nécessité de subvenir aux besoins naturels) n'est-elle pas excitée et entretenue par les illusions qui nous accompagnent toute la vie, et peut-on dire que cette activité ne contribue pas à notre bonheur? Combien d'hommes qui, s'ils se fussent adonnés à la philosophie, n'eussent jamais été que de mauvais philosophes oisifs et malheureux, et que l'ambition a utilisés pour eux-mêmes et pour les autres! Or cette passion, qui nous jette hors de nous, nous éloigne prodigieusement de la contemplation intérieure qui nous est recommandée.

Nous sommes presque tous nés pour la vie extérieure. Il n'y a point d'individu qui ne soit propre à quelque fonction de la société; mais il y en a bien peu qui soient propres à la sagesse.

XLIX.

Pendant long-temps on a vu les gens les plus incrédules devenir dévots en vieillissant ; mais dans soixante ans la génération actuelle, je crois, n'encombrera guère plus les églises qu'aujourd'hui. Depuis la révolution de 89, les idées d'une saine philosophie se sont répandues jusque dans les moindres classes de la société. Autrefois le jeune homme négligeait la religion, mais ne la jugeait pas : parvenu à la vieillesse avec un cerveau vide et des sens appesantis, la peur le prenait, et il s'empressait d'adopter des dogmes qu'il n'avait ni la capacité ni le temps d'examiner. Désormais on arrivera devant l'ennemi armé de toutes pièces. L'habitude même, ce tyran des vieillards, ne fera qu'ajouter à la conviction, et l'on restera incrédule, ne fût-ce que par habitude.

L.

Les entreprises aventureuses, dans un certain sens, ont un salutaire effet sur le caractère : les émotions qu'elles provoquent, véritables vomitifs moraux, en secouant fortement la personnalité, nous en purgent toujours plus ou moins.

LI.

L'homme le plus propre à plaire aux femmes serait peut-être celui qui, à toutes les qualités de leur sexe, pourrait joindre tous les défauts du sien.

LII.

Défie-toi de toute personne et de toute chose.

LIII.

Pauvres malades que nous sommes! une fois que nous avons rencontré à peu près la position qui nous convient, nous courons gros risque, si nous en bougeons, de n'en plus trouver de bonne.

LIV.

Tiens-toi sans cesse en garde contre les bons garçons et les femmes d'esprit.

LV.

C'est être dupe qu'être fripon.

LVI.

Il n'y a point de caractère véritablement ferme, s'il n'y entre un peu de légèreté servant à l'assouplir, et ajoutant ainsi à sa force, de même que l'alliage à celle de l'argent, qui, tout-à-fait pur, se briserait facilement.

LVII.

On n'a point tort quand on a tort, mais quand on ne sait pas insinuer ou imposer aux autres l'idée qu'on a raison.

LVIII.

Les deux amis qui se chérissent le plus

sont tout bonnement les deux hommes qui se supportent le mieux.

LIX.

Les femmes ne font tant de cas de l'amour, que parce qu'elles savent que celui qui les aime ne les voit pas telles qu'elles sont.

LX.

La condition *sine quâ non* de la sagesse et du bonheur, c'est une bonne digestion.

LXI.

Soyons circonspects dans les engagemens que nous prenons avec nous-mêmes : la multitude des lois entraîne leur inexécution, et l'anarchie morale n'est pas moins à craindre pour les particuliers que l'anarchie politique pour les nations.

LXII.

L'esprit est si commun et le talent si rare, qu'il serait sage de dédaigner l'un, de n'oser prétendre à l'autre, et de n'aspirer qu'à la science. — Entendons-nous pourtant : l'esprit que je dédaigne, c'est celui qu'on appelle vulgairement *esprit naturel*; le talent auquel je crois téméraire de prétendre, c'est le *talent d'invention*. Du reste l'esprit, joint à la science, la vivifie, et leur union constitue une sorte de talent. — Mais à quoi bon la science ? à quoi bon le talent ? — A quoi bon, dites-vous? à *faire joujou*, c'est-à-dire à vivre; car les hommes ont besoin de joujoux comme les enfans, et s'ennuient tout comme eux quand, *faisant les raisonnables*, ils se croient *trop grands pour jouer*. — Point de but, point de courses; point de courses, point de prix; point de prix, point de joies; point de joies, point de vie.

LXIII.

On rapporte qu'une princesse, entendant exprimer des craintes de disette, s'écria : « Eh bien! si l'on manque de « pain, on mangera de la croûte de pâté. »

Que de gens rient de la bonne dame, sans se douter qu'il y a dans leur conduite une stupidité analogue à celle de cette saillie! En général, proportion gardée, une dépense de luxe effraie moins l'homme gêné que l'homme riche ; l'excès des besoins ne fait qu'irriter la soif des plaisirs : on consacre au divertissement d'un jour l'argent destiné à la subsistance de la semaine ; on n'a que tout juste de quoi acheter deux pains de trente sous, et l'on achète un pâté de trois francs.

LXIV.

Pierre est doué d'une sensibilité profonde, trop profonde puisqu'elle trouble son repos. Las de souffrir, il prend la résolution de la réprimer : en maintes circonstances où il se sent vivement ému, il impose silence à son cœur; et il finit par se faire passer pour un homme dur. — Paul est naturellement très-froid, ce qui pourtant n'empêche pas qu'il n'éprouve par ci par là quelques mouvemens de tendresse ou de compassion. Charmé de se trouver accessible à des sentimens rares chez lui en particulier, et qu'il sait être louables en général, il s'y abandonne avec complaisance : voilà qu'on le cite pour un homme plein de sensibilité. — Et cependant, personne ici n'a joué de rôle, si ce n'est le public, qui, comme à son ordinaire, a joué celui d'un sot.

LXV.

On a dit et redit jusqu'à satiété : « L'histoire de tous les peuples nous « prouve qu'il n'y a rien de plus naturel « à l'homme que l'idée d'un Dieu : donc « il est un Dieu. » Si cet argument était concluant, celui-ci ne le serait pas moins : Rien de plus naturel à l'homme que les idées fausses : donc les idées fausses sont des idées justes.

LXVI.

La seule confidence peut-être qu'on puisse sans danger faire à la femme la plus discrète, c'est qu'on la trouve jolie.

LXVII.

D'où vient que les hommes sont, ou du

moins paraissent plus constans dans l'ambition que dans l'amour?

Mettons à part la différence la plus frappante entre ces deux passions, qui consiste en ce que l'une s'éteint nécessairement avec l'âge.

Il existe encore une autre raison : c'est que l'amour change de nom en changeant d'objet, et s'appelle inconstance ; tandis que l'ambition s'appelle toujours ambition, quoiqu'elle compte pour rien les dignités qu'elle obtient et ne songe qu'à en obtenir de nouvelles.

Le terme de l'ambition est mobile et s'éloigne à mesure qu'elle avance ; celui de l'amour est fixe : il le dépasse et s'endort.

LXVIII.

L'homme dit : « Que m'importent des « jouissances dont la durée est passagère ? » S'il avait en partage l'immortalité, bien souvent il s'écrierait : « Combien me sont « insipides des plaisirs qui, dans leur va- « riété uniforme, se renouvellent sans cesse « pour ne jamais finir ! Si du moins je pou- « vais les perdre, ils auraient pour moi « quelque attrait. » L'homme est possédé d'une telle passion de liberté, qu'il se plaint et médit de tout ce qu'il aime, parce qu'il craint la tyrannie des sentimens-mêmes qui lui plaisent. Nous disons tous : *Qu'est-ce que de nous !* C'est que nous sentons que *nous* est trop pour nous. Nous reprochons tous de l'ingratitude à nos enfans et de la perfidie à nos maîtresses : c'est que non-seulement nos enfans sont ingrats et nos maîtresses perfides, mais c'est qu'aussi nous voudrions bien nous soustraire, autant que possible, à la domination des sentimens qu'ils nous inspirent. Le parterre, s'il aimait moins les femmes, applaudirait-il de si bon cœur aux traits décochés contre elles? Un homme bon voudrait pouvoir être méchant ; un homme méchant voudrait pouvoir être bon. Enfin, nous voudrions tous être libres, et nous sommes tous nécessairement esclaves des autres et de nous-mêmes.

LXIX.

« Vous cherchez le bonheur au de-
« hors, nous disent les sages : il ne
« peut naître que de vous-mêmes. »
Mais la puissance de l'homme sur lui-même est-elle sans bornes ? Evidemment non. De là je tire cette conséquence que, quel que soit notre degré de sagesse, nous ne pouvons jouir d'un bonheur parfait; et le sage des stoïciens s'évanouit.

Je dirai plus : entre la puissance intérieure et la puissance extérieure de l'homme, il y a moins de distance qu'on ne le croit communément : notre disposition morale dépend en grande partie du cours des humeurs, dont nous ne sommes maîtres que jusqu'à un certain point ; et si nous portons nos regards sur la société, nous y verrons des hommes d'une organisation si prononcée, qu'ils paraissent irrévocablement destinés au malheur ou à la folie.

Est-ce donc rapprocher de nous le bonheur que de le placer en nous-mêmes ?

Un homme est doué de la plus grande force d'âme; tout se réunit pour l'accabler : il souffre moins que l'homme faible, mais il souffre.

Celui-ci possède santé, fortune, etc.; son caractère est sombre et inquiet : il n'est point heureux.

J'en conclus que le bonheur n'est tout entier ni en nous ni hors de nous, et que le stoïcien orgueilleux qui le cherche uniquement en lui-même, le riche blasé qui le poursuit sans cesse au dehors, s'en éloignent par des chemins opposés.

LXX.

L'indulgence est comme l'argent : il n'y a que les têtes légères ou les belles âmes qui en soient prodigues : généralement on garde pour soi ce qu'on en a, ou bien on le place à intérêt, ce qui revient au même.

LXXI.

Quel dommage que les filles et les galériens aient si mauvais ton ! Ce n'est qu'au milieu d'eux que l'honnête homme serait sûr de n'être pas pris pour dupe.

LXXII.

La colère est l'énergie de la faiblesse.

LXXIII.

Les grandes passions épurent l'âme ; les petites la salissent.

LXXIV.

Il n'est point d'homme ni aussi sage ni aussi fou qu'il le paraît.

LXXV.

Quand une entreprise quelconque réussit, c'est toujours malgré bien des fautes dont la moindre, avec d'autres circonstances, eût suffi pour la renverser; mais on ne s'amuse guère à chicaner le succès : l'homme heureux est l'homme habile. Quand elle échoue, on compte les fautes, et l'on crie à l'incapacité, et l'on se croit capable.

LXXVI.

Les moyens doux sont presque les seuls moyens forts.

LXXVII.

Il n'y a dans ce monde ni fautes ni crimes : il n'y a que de la maladresse et du malheur.

LXXVIII.

La plupart des femmes n'estiment les

hommes que par leur force physique et leur faiblesse morale.

LXXIX.

Toute religion positive est l'immoralité constituée.

LXXX.

Il existe entre la force d'âme et la force de caractère, bien que généralement on affecte de les confondre, une synonymie facile à préciser.

La force d'âme aime et cherche le danger : la force de caractère le méprise ; la force d'âme a de l'enthousiasme et de beaux désespoirs : la force de caractère a du flegme et une robuste patience ; la force d'âme, sujette à l'emportement, sait se calmer à propos : la force de caractère, disposée au calme, sait s'emporter par calcul ; la force d'âme va parfois jusqu'au suicide : la force de caractère va plus loin, car elle s'arrête en-deçà. Pour la force d'âme l'amour est une fièvre et l'amitié un culte : la force de caractère fait de l'amitié son profit et de l'amour son plaisir. Dans la vie privée, la force d'âme est dans une prison étroite et obscure, où incessamment elle se frappe la tête contre les murailles : la force de caractère est là sur un terrain plat où gaîment elle pelotte en attendant partie. Les chagrins mesquins de l'intérieur, épines frêles mais acérées qui croissent de préférence sur les sols arides, mais en général sur tous les sols, piquent, écorchent, déchirent la force d'âme, et chatouillent à peine la force de caractère. Enfin, la force d'âme est plus particulière aux héros, la force de caractère aux philosophes.—L'homme en qui se marieraient ces deux forces serait un homme puissant; mais, comme tous les heureux mariages, celui-ci est bien rare.

LXXXI.

Généralement nos amitiés sont bien faiblement fondées; il est vrai qu'il en est de même de nos haines : la conséquence trop simple de cette double proposition, c'est le défaut de solidité de nos haines et de nos amitiés. Voilà pourquoi les esprits dont les idées ont le plus de suite, les esprits les plus conséquens, c'est-à-dire les meilleurs esprits, sont souvent ceux à qui l'on reproche le plus de versatilité dans leurs affections.

LXXXII.

L'effronterie est toujours lâche, et c'est assez ordinairement parmi les gens les plus timides que se rencontrent les hommes les plus braves.

LXXXIII.

Les âmes faibles se nourrissent de remords, comme les ânes de chardons.

LXXXIV.

Tout regret est un sot, tout repentir un imbécile, tout remords un aliéné.

LXXXV.

Petits esprits si contens de vous-mêmes, fats si légers, si bavards, si indiscrets, qui vous croyez un caractère solide parce que vous avez un ton assuré, souvenez-vous que plus un verre est fort moins il est transparent, et que pourtant c'est une combinaison de verres forts qui nous fait lire dans les astres.

LXXXVI.

Il n'y a pas loin du sommet de la prospérité à la vallée des larmes : la distance n'est que de la longueur d'un homme.

LXXXVII.

Le chagrin est comme ces gens humoristes et hargneux qu'il faut bien rudoyer pour les rendre plus doux.

LXXXVIII.

En fait de malheur comme en fait d'argent, le pauvre se croit riche de peu.

LXXXIX.

Le courage n'est que l'aptitude ou l'habitude de fermer les yeux à propos.

XC.

Cette dénomination de *parties honteuses*, attribuée aux organes de la génération, offre une allusion frappante à l'ingratitude naturelle aux hommes : il faut qu'ils insultent, qu'ils calomnient jusqu'à la source de la vie et du plaisir ; de la vie, qui leur est si chère ; du plaisir, auquel ils sacrifient si souvent la vie.

XCI.

L'espérance est de tous les âges, mais elle affecte bien différemment chacun d'eux.—Ses promesses au premier âge sont confuses et riantes : l'enfant croit vaguement qu'il ne peut que gagner en avançant dans la vie ; l'instinct lui découvre à demi un avenir éloigné plein de nouveautés inconnues et attrayantes ; l'imagination lui présente une foule d'êtres fantastiques qui viennent grossir et égayer son jeune cœur. Alors la moindre circonstance est pour lui la première pierre d'un château en Espagne : voit-il passer un régiment ? il sera un jour général..... ou tambour ; va-t-il à l'église ? il est de l'avis du vicaire savoyard par des motifs bien différens : il trouve que rien n'est si beau que d'être curé. — Ceci ne s'applique qu'aux petits garçons : examinons les petites filles. Chacune d'elles se voit mère de famille ou institutrice. Mais ce qui leur est particulier, c'est la prescience du rapport des sexes : il n'en est pas une qui n'ait fait son choix parmi ces marmots insoucians qui ne songent qu'à tourner leur corde ou fouetter leur toupie. Son ingrat favori devient l'objet d'attentions délicates perdues pour lui ; elle veut lui donner des leçons de politesse et de galanterie, toujours repoussées par une sorte de honte et de naïve rudesse qui ne la rebute pas. Ah ! s'il savait que celle qui supporte si patiemment ses brusqueries enfantines dédaignera peut-être les tendres hommages de son adolescence ! — Voyons-le à cet âge. Il lui semble si aisé de vivre, il se sent tellement lié à la vie, qu'il serait tenté de se croire éternel. Il espère tout, il ne craint rien ; il n'a même de la mort qu'une crainte sur parole. Pour lui, l'avenir brille à l'horizon comme un astre éclatant : il se plonge dans l'océan de gloire et de volupté que lui présentent ses rayons. Chez un adolescent qui n'a pas prévenu la nature, et dont les passions sont comprimées par les habitudes salutaires d'une éducation bien entendue, l'imagination est ce géant de la fable enseveli sons le mont Etna, qui par la violence de ses efforts soulève la masse qui l'écrase, et dont l'haleine brûlante embrase l'air de ses feux. — Restent la jeunesse, l'âge mûr et la vieillesse. La jeunesse n'a plus rien à gagner, l'âge mûr a déjà beaucoup perdu, la vieillesse n'a plus rien à perdre. — Arrêtons-nous ici :

n'abordons pas la froide et triste réalité.

XCII.

Je ne me lasse pas d'observer cette inquiétude qui agite les hommes, et les rend souvent aussi tourmentans pour les autres que pour eux-mêmes. Tout ce que peuvent faire les plus éclairés, c'est d'analyser les sentimens douloureux qui les persécutent; et, par l'effet de l'analyse, les persécuteurs deviennent des bourreaux. Young s'écrie en considérant la société : « Que d'hostilités sans ennemis ! » On pourrait dire en examinant l'homme individuel : Que d'angoisses sans malheurs !

XCIII.

Il y a beaucoup de choses que nous croyons penser parce que nous les disons.

XCIV.

Le travail de la composition est un tourment plein de charme, comme celui d'un premier aveu.

XCV.

La malveillance naturelle aux habitans des petites villes est de l'ennui fermenté.

XCVI.

La Rochefoucauld, au milieu des hommes de génie du siècle de Louis XIV, me représente un nain clairvoyant entouré de géans aveugles.

XCVII.

Lisez beaucoup, pensez peu : vous passerez pour un homme d'esprit auprès des gens qui ne lisent guère et qui ne pensent pas du tout; méditez beaucoup, lisez peu : ces gens-là vous prendront souvent pour un fou. — D'où cela vient-il? C'est qu'une idée retenue par la mémoire sort froide et compassée, et leur plaît par sa régularité; tandis que toute pensée produite par l'entendement, brûlante encore du travail de la composition, porte l'empreinte d'un désordre qui répugne à leur bourgeoise délicatesse.

XCVIII.

Pour un homme habitué à vivre d'illusions, la raison est le vautour de Prométhée.

XCIX.

Pour quiconque a quelquefois réfléchi sur la pauvreté de notre nature, c'est une bien sotte chose que le dédain ! Avec quelle méfiance l'homme éclairé ne doit-il pas accueillir l'idée de sa supériorité sur un autre homme ! Et supposé qu'elle lui soit invinciblement démontrée, comment pourrait-elle, à ses yeux, constituer en sa faveur un droit au dédain ? Il manque si peu de chose à l'imbécile pour être un génie, et un génie n'est si souvent qu'un imbécile ! il reste tant de points de contact entre eux, comme entre la sagesse et la folie, le vice et la vertu! — Toi qui te dis *le fils de tes œuvres*, tu n'es que l'œuvre des accidens. Les combinaisons irrégulières du tissu abandonné à la main capricieuse d'un aveugle, voilà l'enchaînement des faits de chaque vie humaine... Et vous gonflez vos joues! et vous tendez le jarret! et vous regardez du haut en bas!.... apparemment pour ne pas voir ce qui est au-dessus de vous.... Aussi ne voyez-vous presque rien. — Chétives créatures si bouffonnes de gravité, croyez-moi, *chantons, dansons, amusons-nous*, et ne faisons pas les fiers : l'un portant l'autre, nous ne valons pas grand'chose.

Connaissez-vous, par exemple, personnage plus grotesque, en 1833, qu'un noble entiché de sa naissance? Il n'est plus permis qu'aux tambours de faire du bruit de leurs parchemins, et la peau d'âne n'est bonne qu'à être battue; entendez-vous, messieurs les gentilshommes ordinairement si ordinaires?

Et vous, qui de l'emploi des Turcaret avez passé à celui des Tuffières, vous cotez trop haut, quel que soit le discrédit du papier, la valeur du numéraire, si vous lui supposez le pouvoir de faire supporter votre morgue.

Mesdames, intitulées par privilége exclusif les *femmes honnêtes*, j'oserai vous soumettre humblement quelques observations sur le superbe dédain qu'il vous plaît d'affecter pour ces pauvres actrices.

Bon nombre de philosophes, ou soit-disant tels, ont dit, ou à peu près, que la femme est une fleur délicate qui, bientôt flétrie au grand jour, ne conserve qu'à l'ombre toute la pureté de ses couleurs et de son parfum, *et cætera, et cætera*. Je ne me permettrai point de contredire des philosophes : généralement ils sont bien de force à se contredire eux-mêmes ; mais, en supposant cette assertion exacte, je ne vois pas, mesdames, que vous dussiez vous en prévaloir contre les actrices. Je considère l'intention, et je vous demande si vous chérissez donc tant l'obscurité, si la vie intérieure n'est pas pour vous un respectable pis-aller ; si vous fuyez tout succès, si tout hommage effarouche votre pudeur. Expliquez-moi, de grâce, l'existence des coiffeurs, modistes, joailliers, marchands de nouveautés. J'aurais quasi envie de vous proposer aussi un petit problème sur les moyens de subsistance exploités par les maîtres de danse, de dessin et de musique. Tel circonscrit que soit le théâtre où le sort vous ait placées, vous aimez à être en scène, vous briguez les applaudissemens ; il est même certains rôles difficiles que vous jouez presque toutes avec un naturel parfait. C'est une justice à vous rendre.

Sont-ce les mœurs des actrices qui vous scandalisent? Hélas! mon Dieu! il n'y a guère à ce sujet qu'une distinction admissible entre ces dames et vous : on en sait sur leur compte beaucoup moins qu'on n'en dit ; on en dit sur le vôtre beaucoup moins qu'on n'en sait. Je ne vous reprocherai point de n'attacher tant de prix à la vertu qu'afin d'augmenter celui de vos faiblesses ; je ne trouve pas mauvais qu'un assortiment plus ou moins complet de rigueurs, nuancées avec plus ou moins de goût, forme toujours une partie intégrante de votre toilette : la sévérité vous sied trop bien pour que je veuille vous en dépouiller dans vos rapports avec nous ; mais dans vos rapports avec les autres femmes, je vous conseille d'y renoncer. Faites-en parure ; n'en faites point parade.

Je vous entends vous récrier : « Nos faveurs du moins sont désintéressées. » — Quelquefois..... et les leurs aussi. — « Mais ces opulens adorateurs..... » — Allons, allons, mesdames, un peu de sincérité, si la chose est possible. Je suppose qu'il s'agisse pour l'une de vous du choix d'un mari : un Adonis insolvable aurait-il beau jeu auprès d'elle contre un millionnaire impotent, si ce n'est dans la

première jeunesse, dans l'âge des duperies?
— « Comment comparer le mariage à ces impudiques marchés!.... »—Arrêtez!.... De deux engagemens fallacieux, celui qu'on prend pour la vie, sous la garantie de la religion et des lois, n'est-il pas le plus immoral?

Je vous demande pardon, mesdames, de ce ton solennel; mais que voulez-vous? c'est votre faute : vous êtes si compassées, si composées, si imposantes, vous autres *femmes honnêtes*, qu'auprès de vous on est toujours porté à prendre tout au sérieux.—Quelques petits retours sur vous-mêmes, et vous assouplirez un peu vos idées, ce qui est un excellent procédé pour les étendre. Alors vous comprendrez, et partant vous admettrez ou excuserez beaucoup plus de choses ; alors vous tomberez d'accord avec moi que les diverses positions sociales sont les lots d'une loterie dont personne n'a le secret ; que chacun de ces lots renferme à peu près une égale proportion de vices et de vertus, de raison et de folie, de plaisirs et de peines ; que nous n'avons rien à nous envier, que nous n'avons à nous glorifier de rien ; que les actrices valent au moins autant que vous, et que c'est une bien sotte chose que le dédain.

C.

Le moraliste souffre-t-il? il médite sur ses douleurs; jouit-il? il médite sur ses jouissances, pour tirer des unes et des autres des résultats généraux. C'est ainsi que, grâce au tour qu'a pris son esprit, les sentimens agréables et pénibles, stoïcisme à part, s'émoussent en le frappant : ils perdent pour lui presque tout caractère d'individualité; ils agitent son âme sans l'enivrer ou sans l'abattre. Doux avantage, qui devient inappréciable quand on peut, de la sorte, faire tourner la sagesse au profit de la gloire.

CI.

L'homme de lettres tire à vue sur le

public ; mais le public est un mauvais payeur, qui chicane presque toujours sur la validité du titre.

CII.

Les souffrances de l'homme de génie sont un capital accumulé dont la gloire est l'intérêt.

CIII.

Un contraste frappant s'offre à l'observateur dans l'examen du dix-huitième siècle : c'est une sorte de honte et de dégoût des sentimens les plus naturels et les plus louables, jointe à l'affectation d'une sensibilité romanesque. — Une philosophie exagérée nous isole, et le cœur, manquant d'objets dans la vie réelle, se jette dans la vie imaginaire.

CIV.

Les trois quarts des femmes sont tour à tour les bouffons et les bourreaux de leurs petits enfans.

CV.

Rien de plus rare que la vraie force d'âme : tel se croit fort, qui n'est que turbulent et inquiet. Il rit en regardant vivre l'homme calme : c'est un malade qui méprise la santé; fiez-vous-y. Il peut en avoir perdu jusqu'au désir, mais il n'en est que plus malade. Il me semble voir un Arabe, habitué à la dure vie du désert, contemplant d'un œil dédaigneux l'amateur hollandais qui fume paisiblement au milieu de ses tulipes.

Je serais tenté de dire à l'Arabe : Mon bon ami, c'est sans doute une bien belle chose que de parcourir à grandes journées les sables du désert, monté sur un petit cheval efflanqué; d'avaler à longs flots la poussière ardente qu'un vent aride élève en nuages épais, et d'étancher sa soif dans une bonne écuellée d'urine de chameau. Mais que t'a fait ce brave Hollandais qui respire l'air frais du soir, entouré de sa femme et de ses enfans ? Tu lèves les épaules, et tu t'écries : « L'imbé-

« cile ! voyez avec quelle admiration il « considère ses tulipes ! »—Eh! mon ami, nous n'avons guère que le choix de nos sottises : les tiennes sont âpres et violentes ; les siennes sont tranquilles et douces. Crois-moi, retourne dans ton désert : il ne quittera pas son jardin pour te suivre.

CVI.

Quand je considère combien il faut peu de choses pour mettre en jeu cette irritabilité malveillante qui nous est naturelle, je me persuade que le meilleur homme du monde peut, sans s'en douter, se faire haïr et calomnier par les meilleures gens du monde.

CVII.

La raison a des illusions sans lesquelles elle perd tout son goût.

CVIII.

Un homme d'esprit a des prétentions et les connaît; un sot en a sans s'en douter.

CIX.

Il est aussi difficile d'avoir tort avec soi-même que d'avoir raison avec les autres.

CX.

Les personnes tendres et passionnées, ou celles qui se croient telles (car je ne veux pas trop restreindre mes observations), aiment ou prétendent aimer la solitude. Elles la peuplent d'êtres imaginaires; elles s'y font le centre de toutes les affections, de toutes les admirations; et les sentimens exaltés qu'elles inspirent excitent dans leur cœur une douce bienveillance qui les rend contentes d'elles. A force de supposer qu'elles sont l'objet de ces sentimens, elles finissent par se persuader qu'elles les méritent : elles les cherchent dans le monde, et les cherchent vainement, car il ne suffit pas de rêver pour avoir droit à la reconnaissance des hommes. La société leur devient odieuse; ou si elles ne vont pas jusqu'au point de la haïr, elles la méprisent sans raison. Les citoyens du beau pays d'Utopie sont ordinairement des citoyens aussi dédaigneux qu'inutiles de leur pays réel.

De là vient cet état auquel on a donné le nom de *désabusement*; de là vient le genre *romantique*, qui, pour le dire en passant, n'est autre chose que la complainte vaporeuse des gens heureux sur le néant de la vie. Nous nous désabusons des sentimens que nous attendions des hommes : nous ne nous désabusons pas de ceux que nous croyons avoir droit d'en attendre ; et comme nous ne sommes pas tout pour nos amis, bientôt ils ne sont rien pour nous. C'est ainsi qu'on se dessèche le cœur en s'échauffant le cerveau.

Pour beaucoup de personnes, la vie est

une vallée de larmes parce qu'elle n'est pas un Éden; l'homme est un loup parce qu'il n'est pas un ange.

Voulez-vous guérir de cette manie sentimentale qui vous rend à charge aux autres et à vous-mêmes? Livrez-vous à des occupations utiles. L'inaction de vos facultés est l'unique cause du trouble de votre âme ; vous seriez moins mécontens d'autrui si vous étiez plus contens de vous ; et d'abord désabusez-vous du *désabusement*. Vous souriez de pitié en voyant les travaux de l'homme actif: « A quoi bon, « dites-vous, s'agiter en tous sens pour une « vie qui doit si tôt finir? » Mais ne vous y trompez pas : pour lui l'agitation produit le calme ; pour vous le calme produit l'agitation ; pour lui le repos est un plaisir parce qu'il suit le travail ; pour vous l'oisiveté est une peine parce qu'elle suit l'oisiveté.

Et puis, que les personnes si fières de leur goût pour la solitude réfléchissent un peu sur ce qui souvent les porte à l'aimer : outre le plaisir de s'y occuper d'elles-mêmes sans distraction, le monde ne pense pas assez à elles : elles ne veulent plus penser au monde. Je ne vois là qu'une bouderie d'enfant.

Ce sujet me rappelle les promenades solitaires du malheureux Jean-Jacques, ses rêveries exaltées, les larmes qu'il se plaît à répandre, le respect dont il est pénétré pour lui, et enfin son horreur du genre humain qui le méconnaît. Jean-Jacques a laissé deux volumes de ces éloquentes jérémiades : la puissance de son amour-propre m'effraie encore plus que celle de son génie.

Comment un esprit aussi profond qu'éclairé a-t-il pu être la dupe de semblables illusions? comment pouvait-il, sans rougir, s'embrasser avec tant d'amour ?

Vous donc qui ne sauriez trouver dans votre raison autant de ressources, craignez de l'égarer par l'habitude de la solitude et de la rêverie. L'exaltation de l'amour-propre est pour un esprit faible et méditatif l'effet ordinaire de la retraite. Dans la société on rencontre des supérieurs en tous genres : la comparaison des autres à nous, quelque partiale qu'elle soit, vient à tout moment enchaîner notre vanité qui voudrait prendre l'essor ; le spectacle de tant de passions différentes amortit nécessairement les nôtres; nous sommes portés à ne nous voir que comme on nous voit ; tandis que, plus notre cercle se rétrécit, plus nos prétentions s'étendent.

Faut-il donc, va-t-on me dire, pour être heureux et sage, se lancer dans le tourbillon du monde, s'oublier soi-même , et ne vivre que d'une vie empruntée ?

Non sans doute : cet excès est aussi dangereux que l'autre pour la sagesse et le bonheur. L'âme des solitaires est exaltée ; celle des gens du monde est énervée. Ce que je dis de la retraite ne doit s'entendre que de la retraite oisive ; ce que je dis de la société ne doit s'entendre que des plaisirs avoués par la raison, que la société nous offre. Faites-vous donc dans la solitude une occupation forte et solide ; faites-vous dans le monde des relations agréables et douces : vous vous délasserez du travail par le libre épanchement d'un commerce amical ; vous vous délasserez de vos amis (car malheureusement l'homme se lasse de tout) par des études suivies et profitables.

CXI.

Le pauvre naît, travaille et meurt ; le riche naît, s'ennuie et meurt : lequel vaut le mieux d'arriver à la mort par le travail ou par l'ennui ?

CXII.

Cette estime ferme de nous-mêmes qui nous fait considérer l'estime publique comme zéro dans la supputation de notre valeur, est plus souvent fournie par la vanité à la sottise que par la raison à la sagesse.

CXIII.

Le mérite se cache de peur de n'être pas reconnu.

CXIV.

L'homme éclairé peut se refuser à confesser ses défauts, non qu'il s'en impose à ce sujet, mais parce qu'il se voit entouré de gens qui, quoique bien éloignés de le valoir, ou plutôt à cause de cela, ne manqueraient pas de tirer avantage contre lui de cette franchise qu'on lui demande. S'il tient ses portes fermées, c'est qu'il craint les malfaiteurs.

CXV.

La raison est une prude prétentieuse,

médisante, et souvent de mauvais conseil; la passion est une courtisane vive, emportée, folle, mais qui parfois prend sans rancune la main de sa détractrice, et la conduit mieux que celle-ci ne se serait conduite elle-même.

CXVI.

La vie sociale me paraît une irritation continuelle de nos facultés morales et physiques, calmée de temps en temps par les circonstances, la raison ou le sommeil.

CXVII.

La franchise chez les femmes n'est presque jamais qu'une inconséquence.

CXVIII.

Certains hommes sont fous de sagesse ; d'autres sont sages de folie.

CXIX.

La réunion, dans le même individu, d'une grande apathie physique et d'une grande activité morale, produit souvent un esprit inquiet, soupçonneux et jaloux. Quand le corps est en repos, le cerveau le plus paresseux travaille bien davantage : qu'est-ce donc s'il est laborieux ? Il a un tel besoin d'exercice que tout lui est bon ; et, à défaut d'idées saines, il triture, il alambique mille idées fausses, jusqu'à ce qu'il en ait composé un tout spécieux, qui devient un véritable poison pour l'homme ainsi constitué. De là les tourmens inhérens à la vie contemplative; de là les inconséquences, les injustices, les accès de démence même naturels aux personnes que leur tempérament y dispose.

CXX.

Il n'existe pas un seul écrivain supérieur que l'envie n'ait voulu transformer en imitateur servile.

Aristote avait dit que toutes nos idées viennent des sens, ce que chacun, après lui, peut répéter sans savoir ce qu'il dit plus que lui. — Locke tire l'idéologie du chaos : « Il nous a généreusement donné

« ce que nous avions déjà reçu d'Aris-
« tote. » — Condillac a dit : *Que la lumière soit :* « C'était bien inutile : Aris-
« tote et Locke nous avaient déjà fait voir
« clair. » — Ingrat mendiant! L'un t'apporte du pain : tu le dévores, et tu t'é-
cries : « Je n'avais pas faim. » Cet autre
jette un manteau sur tes épaules demi-
nues : tu ajoutes en grelottant : « Je n'a-
« vais ni faim ni froid. »

Il me vient à l'esprit une image assez
baroque, une image analogue à celles
dont se composent nos songes : je crois
voir des hommes d'une taille gigantesque
montés sur les épaules les uns des autres.
Tous, à l'exception du dernier, ont la

figure calme ; leur tête est couronnée de lauriers. — Une petite vieille jaune et bouffie, portée sur d'énormes échasses, tourne sans cesse autour de ces colosses : elle pousse, elle frappe, elle harcelle le plus élevé ; elle s'acharne à lui mordre les jambes, ses dents cariées mais aiguës ne pouvant atteindre plus haut.—Qui le croirait ? le géant paraît saisi d'épouvante ; les efforts de la débile mégère ébranlent cet Hercule. Il mesure d'un œil terrifié l'immense profondeur de l'abîme ; il demande grâce, il pleure....... Hélas ! il va être précipité...... Mais non : tout à coup il se raffermit ; une couronne tombée du ciel vient orner à son tour son front majestueux, et son dernier soupir, exhalé dans les larmes, a terrassé son ennemie.

CXXI.

Certaines gens se vantent d'être heureux, parce qu'ils ont entendu dire que le bonheur est le fruit de la sagesse. On peut leur appliquer ce que La Fontaine dit du mariage : « J'ai vu beaucoup « de bonheurs : aucun d'eux ne me tente. »

CXXII.

Rien de plus aimable que l'esprit en négligé ; rien d'assommant comme le laisser-aller d'un sot.

CXXIII.

Les femmes ont été placées sur la terre pour délasser les hommes de la raison.

CXXIV.

La vérité nue blesse nos yeux délicats ; parée, nous ne voyons que ses ornemens.

CXXV.

Nous prenons souvent les mouvemens d'humeur qui nous agitent pour les inspirations d'une raison vigoureuse : l'irritabilité du tempérament et du caractère en prouve ordinairement la faiblesse.

CXXVI.

Ceux qui ont dit que La Rochefoucauld

était un malhonnête homme se vengeaient du mépris qu'il les forçait d'avoir pour eux-mêmes ; ils lui rendaient injure pour injure.

CXXVII.

Le propre de la maxime est de s'accommoder aux différens esprits. Tel en admire la justesse, qui n'en sonde pas la profondeur ; tel en mesure la profondeur, qui n'en saisit pas l'étendue ; et enfin tel se récrie sur l'étendue, la profondeur et la justesse, qui ne la comprend pas du tout.

CXXVIII.

L'esprit borné qui se connaît plaît autant à l'homme d'esprit, que l'homme d'esprit qui s'ignore plaît à l'esprit borné.

CXXIX.

Certaines femmes seraient aussi honteuses d'être trop aimées que d'autres de ne pas l'être assez.

CXXX.

On fait des règles pour les autres, et des exceptions pour soi.

CXXXI.

Ce qu'on nomme *bonheur* est si peu attrayant, que ce qu'on nomme *malheur* est bien peu effrayant.

CXXXII.

Les jeunes filles qui se marient et les

gens qui viennent de mourir sont toujours gratifiés par leurs proches de mille qualités précieuses que jusqu'alors on n'avait pas paru soupçonner en eux. Dans les deux cas, en effet, quelqu'un se trouve débarrassé de quelqu'un ; et notre bienveillance devient si grande pour ceux qui cessent d'en avoir besoin !

CXXXIII.

Il existe un certain rapport entre les hommes à argent et les femmes à conquêtes : trop de bonté de cœur les perd ; la dureté de caractère, la sécheresse d'âme les sauvent ; le tout dans les idées du monde, s'entend, car du reste, n'a-t-on pas plus de chances de félicité avec un bon cœur, à quelques déceptions qu'il vous expose, qu'avec une âme sèche et un caractère dur ?

CXXXIV.

Pendant la retraite misanthropique de Jean-Jacques à Montmorency, parut un nouvel ouvrage de Diderot, que celui-ci lui envoya, et où le citoyen de Genève trouva cette assertion : « Il n'y a que le « méchant qui soit seul. » Il en fut blessé au cœur et le témoigna. — Il me semble qu'à sa place, supposé que je n'eusse pu douter de l'intention malveillante de mon ami, loin de prendre la chose au tragique, je me serais contenté de lui écrire à peu près en ces termes :

« Dans le beau royaume de Dahomay,
« il y avait un homme d'un naturel bien
« singulier : il ne pouvait pas manger de
« chair humaine. On fit tout pour vain-
« cre ses dégoûts : on l'enivra de vin de
« palmier, on lui servit les meilleurs
« morceaux : tentatives infructueuses.
« D'abord on rit de sa bizarrerie ; bien-
« tôt on s'en offensa ; enfin on le haït.
« Pour éviter les effets de l'indignation
« générale, il s'enfuit dans les montagnes.
« — Il errait çà et là, vivant de fruits
« sauvages, fort paisible, fort gai, ne pen-
« sant plus à ses concitoyens, qui, mal-

« heureusement pour lui, ne l'avaient pas
« oublié.—Un jour, une nombreuse troupe
« de chasseurs parcourait la forêt, silen-
« cieux domaine de ce sombre égoïste.
« On le découvrit ; une flèche l'atteignit :
« il tomba mortellement blessé. — Vous
« me demanderez ce que tout cela signi-
« fie : voici la morale de mon conte : l'A-
« fricain avait eu tort de fuir sans empor-
« ter son arc. Quant à moi, le mien ne
« me quitte jamais : la corde est tendue ;
« mon carquois est plein..... Serviteur à
« l'honorable société. »

Probablement la coterie holbachique ne se fût pas sentie tentée de provoquer davantage la colère du grand Genevois.

CXXXV.

On définissait autrefois l'homme un *animal raisonnable* : moi je serais d'avis de le définir un *animal soucieux*. Et qu'est-ce encore que ces douleurs légères et fugitives de nous autres âmes communes, comparées aux douleurs profondes et tenaces des âmes supérieures ?

Pour les grands hommes, la société n'est bien souvent qu'une arène sanglante, un champ de bataille meurtrier ; pour les petits, c'est un bal masqué où il pleut des roses fanées et des soufflets.

CXXXVI.

Tout philosophe éloquent est plus ou

moins poète; tout grand poète est plus ou moins philosophe.

CXXXVII.

L'homme borné fait le sot en sûreté de conscience, et l'homme éclairé en se donnant au diable.

CXXXVIII.

C'est une disposition bien funeste que celle qui nous fait sans cesse désirer un accroissement d'intensité à la sensation agréable que nous éprouvons. Heureusement la douleur arrive, qui nous déshabitue du plaisir et nous rend plus modestes dans nos vœux. L'homme qui souffre est facile à contenter : l'absence du mal est un bien pour lui; l'homme qui jouit est insatiable : si la jouissance n'augmente, il s'en lasse bientôt et s'écrie tristement : Quoi! ce n'est que cela! — La situation la plus désirable est celle où nous souffrons tout juste autant qu'il faut pour ne pas perdre le goût du bien-être.

CXXXIX.

Les honnêtes gens et les fripons échouent et réussissent en nombre à peu près égal : soyez donc honnêtes gens, ne fût-ce que parce que c'est plus commode.

CXL.

La société est devenue si raffinée, que dans toutes nos relations l'avantage reste à la franchise, et qu'elle offre même à celui qui en aurait envie le meilleur moyen de tromper son monde.

CXLI.

Si l'on s'ennuie avec les femmes et les enfans, c'est souvent à cause de ce que les uns savent et de ce que les autres ignorent.

CXLII.

L'égoïsme est l'amour-propre concentré ; la sensibilité est l'extension de l'amour-propre.

CXLIII.

Si nous avons failli, nous opposons fièrement le calme de notre conscience à la voix publique, ou notre réputation au sentiment intérieur ; de sorte que prenant pour juges, ou notre conscience qui se tait parce que nous l'avons fait taire, ou les hommes qui sont dans l'erreur parce que nous les avons trompés, il ne nous manque qu'une âme honnête et de bons sentimens pour jouir du bonheur de la vertu.

CXLIV.

Nous jugeons de notre mérite par nos prétentions, et de celui des autres par leurs qualités. Or la réunion des qualités qui constituent le mérite a des bornes nécessaires, mais la vanité qui crée les prétentions n'est pas plus limitée que l'imagination qu'elle excite. De là vient qu'il y a toujours en nous un certain *je ne sais quoi* qui l'emporte sur les qualités les mieux reconnues chez les autres.

CXLV.

La fausseté est aussi nécessaire aux femmes que le corset.

CXLVI.

Les préjugés sont les mauvaises herbes de l'esprit humain, qui, dans l'état inculte, en nourrit toujours beaucoup, et, quelque bien cultivé qu'il soit, ne s'en purge jamais entièrement.

Il en existe un, entre autres, dont je veux faire mention.

Les idées les plus fausses, les plus absurdes, quand elles sont très-répandues, ont de l'influence sur les meilleures têtes, et je ne doute point que celle que je me propose de combattre n'ait détourné bien des propriétaires de la vie agricole.

On semble généralement persuadé que l'exploitation des terres est un *métier* qui exige un long apprentissage ; et j'entends avancer chaque jour qu'*il ne faut point s'en mêler* à moins d'être, comme on dit, *né là-dedans*. Voilà une de ces phrases faites dont notre paresse aime mieux répéter les mots qu'examiner le sens.

La culture, je n'en disconviens pas, si nous la considérons sous un point de vue général ainsi que dans l'union de la pratique à la théorie, nous présente une masse de connaissances et de faits : aussi, loin que je prétende qu'il soit possible, à quelque âge qu'on en commence l'étude, de parvenir à embrasser complètement cette science colossale, la vie la plus prolongée ne me paraît pas devoir y suffire; mais soyons de bonne foi : est-il nécessaire d'en avoir approfondi toutes les parties pour se trouver capable de faire valoir un bien rural ? Ce n'est même pas là ce qu'on peut entendre en soutenant que nul n'y réussira s'il n'est point *né là-dedans*, puisque l'exemple de nos fermiers démentirait une pareille assertion.

Outre les deux grandes divisions de la culture en *agriculture* et *horticulture*, la première, à laquelle seule sont consacrées ici mes observations, se subdivise en plusieurs autres branches, dont chacune occupe plus spécialement tel ou tel canton, selon le sol, les localités, etc. Or, je le demande, ne saurait-on, surtout quand on a reçu cette éducation ordinairement donnée aux jeunes gens destinés à posséder des biens-fonds, et qui, toute bornée qu'elle puisse être, tend toujours à développer plus ou moins l'intelligence la plus épaisse, ne saurait-on sans beaucoup de temps se mettre au courant des procédés particuliers à l'un de ces divers genres ? Certes tout homme élevé, n'eût-il vu de sa vie une charrue, serait bientôt familiarisé avec la succession de travaux que comporte une exploitation quelconque. Supposons-le arrivé à ce point et accordons-lui un sens droit : nous reconnaîtrons qu'il ne lui sera pas si difficile de les diriger.

Mais, me dira-t-on peut-être, les faits parlent contre vous : maint propriétaire avait cédé à la fantaisie de se constituer son propre fermier, qui a fini par se donner un successeur plus habile.

Je réponds qu'en pareil cas, on a le tort d'attribuer à insuffisance ce qui, le plus souvent, ne provient que d'un dégoût auquel je vois quatre différentes causes possibles.

D'abord, la vie calme et uniforme des champs peut, dans les commencemens, paraître bien morne à celui qui a quitté pour sa métairie le séjour animé des villes ; de même que les sucs nourrissans d'une viande saine, mais simplement apprêtée, semblent insipides à un palais accoutumé aux saveurs compliquées et excitantes de tous ces mets compris sous le nom de *viandes déguisées* ; et l'entreprise sera immanquablement abandonnée si l'on ne sait pas résister aux premières atteintes de l'ennui.

Ensuite, il est naturel de penser qu'un

homme qui pour jouir, ou d'une grande opulence ou d'une douce aisance, n'avait eu jusqu'alors d'autre peine à prendre que celle de toucher ses fermages, ne contractera point, sans se faire une certaine violence, cette habitude d'activité nécessaire à l'agriculteur : si donc il n'en a pas la force, il renoncera bientôt à son projet.

En troisième lieu, dans toute espèce d'art ou de science, avec la meilleure théorie, il est rare que notre début dans la pratique ne soit point marqué par quelques faux-pas, et il est ordinaire qu'un novice se décourage facilement.

Enfin ce même novice, qui a besoin de

bons conseils, est quelquefois entouré de gens qui lui en donnent de mauvais ; car, en général, les fermiers considèrent un propriétaire-cultivateur comme un intrus empiétant sur leurs droits. Mal guidé, celui-ci se fourvoie, et par suite se rebute.

Je suis donc persuadé que si beaucoup de propriétaires, après avoir essayé de cultiver leurs terres eux-mêmes, les livrent de nouveau à des mains étrangères, c'est moins faute de capacité que faute de fermeté, de cette fermeté indispensable pour ne point succomber, ni au malaise souvent provoqué d'abord par un changement d'état, ni à la paresse qu'inspire ordinairement une fortune toute acquise, ni au découragement que de mauvais succès peuvent produire sur l'esprit d'un commençant, soit que son inexpérience les ait seule amenés, soit qu'ils doivent être imputés à la malveillance.

Je crois inutile d'ajouter qu'il est possible aussi que les quatre causes indiquées plus haut agissent à la fois.

Mais cette fermeté si désirable dans un propriétaire qui se décide à faire valoir, il ne faut l'attendre que d'une vocation positive. C'est pourquoi je ne dirai point, avec tant de gens, à cet homme-là : *N'étant pas né là-dedans*, vous faites une sottise ; je lui dirai : Consultez bien votre vocation, et une fois certain que vous ne vous abusez pas sur le sens de ses réponses, fermez l'oreille aux discours de cette foule d'officieux bavards toujours prêts à répéter sans réflexion ce qu'ils ont entendu énoncer sans preuves, et présentez-vous hardiment dans la carrière. Avec votre fortune vous pourriez vivre oisif, mais quand le besoin ne nous contraint pas au travail, la raison nous y invite; et quelle plus noble occupation que celle de fertiliser la terre? quelle occupation plus intéressante que celle de soigner, d'améliorer son propre fond? Non-seulement vous recueillerez, outre le prix que vous eussiez tiré d'un bail, le prix que votre fermier eût tiré de ses peines; vous recueillerez encore la santé, l'indépendance, la sérénité d'âme, doux fruits qui croissent d'eux-mêmes, en tout pays, sous les pas du propriétaire-cultivateur.

CXLVII.

Les heureux du siècle disent : Si le peuple souffre, c'est qu'il boit plus qu'il ne mange. — Le peuple pourrait répondre : Si je bois plus que je ne mange, c'est que je souffre. En attendant que ma colère vous prouve combien vous vous êtes étourdis sur vos dangers, laissez-moi m'étourdir sur mes maux. Quand j'ai bu, je vous crois bons, je me crois heureux...

Ah! loin de m'envier une illusion si douce pour moi, pour vous si rassurante, cotisez-vous plutôt à l'effet de me griser tous les jours. Tortoni, Laïs et l'écarté y perdront un peu, mais vous y gagnerez beaucoup : en dépit du proverbe latin, le vin est un menteur, et il n'y a que le mensonge qui puisse vous être favorable.

CXLVIII.

Le philosophe doit être moins vindicatif que les autres hommes, puisque l'injure trouve en lui une âme moins vulnérable : aussi l'accuse-t-on souvent de faiblesse, précisément parce qu'il est fort.

C'est là une des nombreuses erreurs du vulgaire.

CXLIX.

Dans un certain ordre de choses, qui veut tout ce qu'il peut, peut tout ce qu'il veut.

CL.

Les femmes jugent de l'esprit d'un homme par son ton.

CLI.

Les loups et les hommes, quand un de leurs pareils est blessé, le suivent à la trace du sang pour le dévorer.

CLII.

Les droits d'autrui sont des prétentions ; nos prétentions sont des droits.

CLIII.

Prendre la vie au sérieux, c'est filer le parfait amour avec une fille.

CLIV.

Il est peu de caractères méchans, mais il y a beaucoup d'actions méchantes.

CLV.

L'homme éclairé méprise trop pour haïr beaucoup.

CLVI.

La sensibilité est comme l'argent : il

faut en avoir ou feindre d'en avoir. Celui qui n'a rien ne reçoit rien.

CLVII.

Feindre d'estimer les autres plus qu'ils ne valent et de nous apprécier moins que nous ne valons, voilà tout le *savoir-vivre*.

CLVIII.

Il y a des amours-propres qui, comme Achille, ne sont vulnérables qu'au talon.

CLIX.

Il nous semble que nous aimons, quand nous ne sommes que reconnaissans de l'affection que nous croyons inspirer.

CLX.

« Personne, dit le proverbe, ne res-

« semble plus à un honnête homme qu'un « fripon. » Aussi l'honnête homme est-il fondé à craindre et le fripon à espérer d'être méconnu : de là, la timidité et les mésaventures de l'un, l'assurance et les succès de l'autre ; car la peur réduit de moitié toute chance favorable, l'audace toute mauvaise chance.

CLXI.

Les hommes font semblant d'honorer la bonté, parce qu'elle leur est utile, ne fût-ce que par ses qualités passives ; mais au fond, ils la méprisent comme tout ce qui est inoffensif. Ils ne respectent que quand ils craignent; pour qu'ils soient reconnaissans du bien, il faut qu'il leur vienne de la même source que le mal. Au *Jupiter tonnant* succéda le *Dieu jaloux*, le *Dieu des armées*, etc. On connaît, dans notre langue, l'une des acceptions du mot *innocent*.

O toi donc qui as de la bonté dans l'âme et pourtant du sang dans les veines, veux-tu éviter bien des désappointemens? sois bon parfois pour ton plaisir, d'accord; mais, dans ton intérêt, sache être méchant à propos. Si les moutons avaient les dents et les griffes du tigre, ils ne laisseraient tondre que le superflu de leur toison; et cela quand le temps est au beau, quand ils éprouvent le besoin de se rafraîchir le sang; mais pour peu que les ciseaux vinssent à effleurer leur peau, le tondeur aurait à trembler pour la sienne.

CLXII.

En considérant les travaux du cabinet sous le rapport des motifs qui y déterminent les trois quarts des hommes, on pourrait les distinguer en deux classes : études pour le profit, études pour le caquet. Les esprits privilégiés, *quibus vivere est cogitare*, acquièrent des connaissances parce qu'ils ont besoin d'action : les autres s'instruisent parce qu'ils veulent s'instruire pour s'enrichir ou se faire remarquer. Tel se plaint de l'activité de ses facultés intellectuelles, qui, si l'amour-propre ne les avait pas stimulées, ne se serait jamais aperçu de leur existence. Sur cet objet comme sur beaucoup d'autres, nous confondons souvent les besoins de la vanité avec ceux de la nature.

CLXIII.

Nous rendre meilleurs pour les autres, c'est nous rendre meilleurs pour nous-mêmes : la bonté est un moyen de bonheur ; tout sentiment de malveillance est pénible. — La malveillance est beaucoup plus commune, et par conséquent plus nuisible que la méchanceté.

CLXIV.

Il n'est presque pas de plaisirs qui ne

deviennent nuisibles; il n'est presque pas de douleurs qui ne deviennent salutaires. —Le plaisir, en tant que plaisir, engendre la douleur; la douleur, en tant que douleur, engendre le plaisir.

CLXV.

Depuis la *Renaissance*, l'esprit humain a fait de continuels progrès, même dans les choses où les partisans de la perfectibilité croient devoir reconnaître qu'il a rétrogradé, dans les beaux-arts, par exemple : nos poètes modernes me paraissent infiniment supérieurs aux poètes anciens, et d'autant meilleurs qu'ils sont plus nouveaux. Il est malheureux qu'on ne puisse pas dire à ce sujet, comme dans les sciences : l'antiquité est venue jusque-là, nous jusqu'ici : comptons les pas. Il est malheureux aussi que les langues anciennes soient des langues mortes : cela fait valoir les sottises-mêmes des anciens. *Major è longinquo reverentia.* — Dira-t-on qu'ils y perdent autant qu'ils y gagnent, puisqu'aussi leurs beautés nous échappent souvent? — Point du tout. Examinons notre disposition quand nous ouvrons Horace ou Virgile : ce qui est beau est divin, c'est convenu ; ce qui est mauvais n'est mauvais que pour nous : à coup sûr c'était beau pour eux. A l'égard de l'antiquité, nous sommes comme les flatteurs gagés du voluptueux Irax : ouvre-t-elle la bouche? elle aura raison ; a-t-elle parlé? elle a eu raison; et nous lui chantons en chœur : « Ah! combien « monseigneur doit être content de lui-« même! »

Si des œuvres nous passons aux mœurs, rappelons-nous qu'Horace, dans une de ses meilleures épîtres, dans une épître pleine des sentimens d'une douce philanthropie, dit qu'il ne faut pas se fâcher contre son ami parce que, dans un festin, il se sera emparé d'un poulet placé devant vous qui flattait votre appétit, ou parce que, dans l'ivresse, il aura pissé au lit. Par une de ses odes il invite ses amis à ne pas trop boire, attendu qu'ils ne manqueront pas de se battre quand ils seront ivres. Je crois entendre un faubourien raisonnable donnant de bons conseils aux lurons qui l'environnent, avant d'aller casser l'éclanche à la barrière. Le grand siècle d'Auguste me semble un peu rapetissé par ces aveux naïfs de l'urbanité romaine.

CLXVI.

Souvent nous confondons nos opinions avec nos sentimens. Tel homme déclare qu'il aime, ou hait, ou méprise les hommes, qui, en s'examinant scrupuleusement, ne pourra démêler si un individu qu'il voit tous les jours lui inspire de l'amitié ou de l'indifférence. Les circonstances, en nous dévoilant à nous-mêmes, nous jettent souvent dans l'étonnement sur la force ou la faiblesse de nos affections de société ou de famille; et nous prétendons aimer ou haïr les hommes!

Ce n'est pas que nous ne puissions les croire dignes d'amour ou de haine, mais nos sentimens ne s'étendent pas à volonté.

CLXVII.

La société est constituée de telle sorte, que la plupart de ses membres trouveraient dans la vie du bagne, ignominie à part, une sensible amélioration à leur sort.

CLXVIII.

Le cœur est quelquefois honnête ; l'esprit est toujours plus ou moins fripon.

CLXIX.

Mieux nous connaissons la vie, plus son prix diminue : les plaisirs les plus attrayans sont ternis par la réflexion.

CLXX.

Quand un de nos amis nous interroge sur ce qu'un tiers pense de lui, nous sommes souvent étonnés du degré d'attention dont il se croit l'objet ; nous sentons qu'on est pour lui beaucoup plus indifférent qu'il ne se l'imagine : faisons-nous l'application de cette remarque, et sougeons que nous occupons presque toujours dans l'affection et l'estime des autres moins de place que ne le présume notre vanité. Il ne faut pas que cette réflexion nous donne de l'humeur : ce ne serait pas le moyen de nous faire aimer et priser davantage. Soyons modestes et bienveillans, et contentons-nous de mériter, sans nous tourmenter pour savoir si nous avons obtenu.

CLXXI.

L'homme vraiment raisonnable est celui qui sait donner à la raison toute la force de la nécessité.

CLXXII.

Il faut être bien stupide pour être méchant et bien philosophe pour être bon : aussi les trois quarts des hommes, n'étant ni philosophes ni stupides, ne sont ni bons ni méchans ; et le quatrième quart se compose des parias de la société.

CLXXIII.

Les femmes sont des poêles à dessus de marbre.

CLXXIV.

Il y a long-temps qu'on a dit que deux personnes s'aimant beaucoup finiraient bientôt par se haïr si elles entreprenaient un long voyage dans la même litière.

Voulez-vous un exemple plus frappant de la haine que l'homme puise dans les yeux de l'homme? Je vais vous donner une prescription un peu féroce, mais d'un effet certain. Prenez, soit deux amis, soit deux amans ; liez-les chacun à un poteau, de telle sorte qu'ils soient forcés de se regarder continuellement, sans pouvoir tourner la tête ni à droite ni à gauche : vous verrez qu'il ne leur faudra pas beaucoup de temps pour se détester et s'accabler d'injures et de malédictions. Je dirai plus : enfermez l'homme le plus infatué de lui-même dans une chambre toute en glaces : bientôt il enverra au diable sa sotte figure; je ne serais même pas surpris de le voir se souffleter.

Je conviens cependant que l'homme est né pour la société ; oui, mais pour la société à distance. Le rapprochement continuel, soit des autres soit de lui-même, lui fait haïr lui-même ou les autres. Un solitaire, un ermite se dévore s'il n'a pas les yeux tournés sans cesse vers le ciel; souvent les communautés, *même religieuses,* sont des foyers de haine et de discordes. Pourquoi y a-t-il plus de malveillance dans les petites villes que dans les grandes ? c'est qu'on se voit trop, on se connaît trop; on ne peut se perdre de vue à volonté. Dans les familles dont les membres ne sont point séparés par des occupations et des goûts différens, où chacun est en proie à la même oisiveté, à des frivolités analogues, chacun porte tout le monde sur ses épaules ; chacun déteste bien cordialement les autres, qui le lui rendent en conscience. Nulle part vous ne trouverez plus de bienveillance, plus d'union que dans les pays laborieux où les hommes sont disséminés sur un sol étendu : là, on s'aime dans les familles parce que chacun, séparé des autres par le travail, les retrouve chaque jour pour se délasser dans des amusemens innocens ; on s'aime dans le peuple parce que les réunions publiques et particulières sont rares et toujours joyeuses.

Quand je parle de séparation, de distance, je n'ai pas en vue seulement une séparation, une distance matérielle; je m'explique : la communauté d'occupation n'est point une cause de malveillance : un travail qui exige de l'attention nous isole ; quand il cesse, on se retrouve avec plaisir. Il faudrait que ces deux séparations fussent en raison inverse : par exemple, quand on habite le même toit, que le travail fût très-fort, et qu'il diminuât à mesure que l'éloignement augmente.

CLXXV.

Il est assez étrange que le mot *savoir-vivre* n'exprime que notre manière d'agir dans nos relations sociales les plus légères. Faut-il en conclure que nous vivons plus pour les autres que pour nous, et qu'il vaut mieux plaire aux hommes que leur être utile ?

CLXXVI.

Nous obéissons plus souvent à notre digestion qu'à notre raison.

CLXXVII.

Nous avons beaucoup de sensibilité, sl nous en jugeons d'après les sentimens que nous serions portés à exiger de ceux qui nous entourent : peut-être en jugerons-nous différemment si nous examinons la force de ceux que nous pouvons leur accorder.

CLXXVIII.

Tout homme qui dit mépriser la gloire est fermement convaincu qu'il y prétendrait vainement. Il est sans doute conforme à la raison de ne pas désirer ce qu'on ne peut obtenir ; mais il ne faut en rien conclure sur la valeur de la chose dont la possession se trouve au-dessus de nos efforts, et surtout ne pas nous vanter d'une indifférence philosophique fondée sur une juste appréciation de cette valeur.

CLXXIX.

Une des causes de nos erreurs dans les jugemens réciproques que nous portons sur nos facultés intellectuelles, c'est que nous estimons la force plutôt par l'effet produit que par l'effort employé. Une lettre mal écrite, une conversation insignifiante, nous donneront mauvaise idée de l'esprit d'un homme de mérite, tandis qu'un sot nous éblouira par le prompt étalage de tout son savoir.

CLXXX.

Nous avons souvent la volonté, mais rarement la puissance d'aimer.

CLXXXI.

Tout créateur est plus ou moins imitateur ; tout imitateur se croit plus ou moins créateur.

CLXXXII.

Dans la vie, on rencontre par-ci par-là quelques hommes bons et honnêtes, mais généralement d'une bêtise nauséabonde. C'est ainsi que dans le désert on trouve de loin en loin un peu d'eau saumâtre.

CLXXXIII.

Nous n'avons ni vices ni vertus : je ne vois en nous que de bonnes ou mauvaises faiblesses.

CLXXXIV.

Les affaires de galanterie sont, pour les

hommes au-dessous et pour les femmes au-dessus de la loyauté.

CLXXXV.

Les hommes s'amassent autour d'un malheur comme les corbeaux autour d'une charogne, et dans le même but.

CLXXXVI.

Quelque force que nous donnions à notre raison, nous appartiendrons toujours plus à la société par nos habitudes, qu'à la solitude par nos réflexions.

CLXXXVII.

Les enfans sont déjà des hommes; les hommes sont encore des enfans.

CLXXXVIII.

Si la perte de la vie t'inspire tant de frayeur, c'est que tu regardes devant et derrière avec les yeux de l'imagination. Ce n'est point la vie réelle que tu regrettes, c'est une vie imaginaire que tu n'as point vécue, que tu ne vivras jamais. Le présent est un meilleur conseiller que le passé et l'avenir : interroge-le souvent, et ses froides réponses, en détruisant la magie des souvenirs et des espérances, t'éclaireront sur la valeur véritable du vol qui t'est fait par la mort. — L'avenir et le passé sont diffus; le présent est laconique.

CLXXXIX.

Le moraliste, en remuant les fanges du cœur humain, devient souvent la victime des exhalaisons pestilentielles qui en émanent : la tristesse, la misanthropie, sont les maladies qu'elles produisent.

CXC.

C'est une chose curieuse à observer que l'influence de la température, en sens opposés, sur le physique et le moral de l'homme. La gelée, par exemple, qui produira chez celui-ci un redoublement d'activité, de gaîté, de laisser-aller, va aigrir le cœur de celui-là, resserrer son esprit et engourdir son corps. Le printemps même est pour certains individus une saison de tourmens et d'angoisses : leur fibre se relâche, leur âme est agitée ; ils se rongent eux-mêmes, maudissent la verdure, le chant des oiseaux, l'air tiède et parfumé qui les caresse ; ils regrettent la neige et les frimas. La nature était un tyran dont ils bravaient les rigueurs : elle n'est plus qu'une coquette insipide dont les faveurs leur répugnent.

CXCI.

J'entendais, au jardin du Luxembourg, le colloque suivant entre trois marmots.

PREMIER ENFANT.

Du soleil ou de la lune, lequel est le plus utile au monde?

DEUXIÈME ENFANT.

C'est le soleil, puisqu'il l'éclaire davantage.

TROISIÈME ENFANT.

C'est la lune, puisqu'elle l'éclaire pendant la nuit, et qu'il n'a pas besoin d'être éclairé pendant le jour.

PREMIER ENFANT.

Il n'y a rien à répondre à cela : la lune est plus utile au monde que le soleil.

—Vous voilà bien, esprits à la fois exacts et bornés, tirant les conséquences les plus rationnelles des idées les plus fausses ; *esprits justes*, en un mot, si respectés des sots, et qui, à ce titre apparemment, savez toujours *vous respecter*. On vous a dit que deux et deux font cinq : vous en concluez gravement que deux et trois font six.

CXCII.

Helvétius définit la vertu : *Le désir du bien général*; Duclos: *Un effort sur nous-mêmes en faveur des autres.*

Le premier a eu pour objet d'embrasser tous les pays et tous les siècles, et de rendre l'idée de la vertu indépendante de la variété et de la mobilité des institutions et des mœurs suivant les climats et les époques.

Le second a voulu caractériser la vertu en la distinguant de toutes les qualités résultant d'une heureuse nature ou des habitudes produites par une éducation saine.

Helvétius place la vertu beaucoup trop loin des particuliers. Quel est celui d'entre nous qui n'éprouvera pas plus de joie d'un accroissement de fortune que du plus grand avantage public? Un rentier trouvera plus de plaisir dans le gain d'une partie de boule que dans le décret du gouvernement autorisant l'établissement d'un chemin ou la construction d'un pont. Pour peu qu'un état ait d'étendue et de civilisation, le nombre des particuliers qui se livrent aux affaires publiques est toujours fort inférieur à la multitude de ceux qui n'y prennent aucune part active : le désir du bien général, auquel les actions de ces derniers sont presque totalement étrangères, ne sera donc jamais pour eux qu'un sentiment faible et inerte.

Un philosophe avait dit : « Ce qui est « vice au nord est vertu au midi : qu'est- « ce donc que la vertu, qui varie suivant « les climats ? » Helvétius lui répond : « Le « bien général ne peut s'opérer, chez les « divers peuples qui couvrent la surface du

« globe, que par des moyens différens : la
« vertu est donc une par son objet, encore
« qu'elle diffère d'elle-même par les
« moyens qu'elle emploie. »

Mais le défaut de cette définition est de
ne proposer aux particuliers qu'une vertu
publique qui n'est point à la portée de
tous. On la trouve si rarement chez ceux-
même qui gouvernent ! que sera-ce de
ceux qui se laissent gouverner !

D'ailleurs les obligations, et consé-
quemment les vertus, diffèrent suivant
les situations; et l'on voudrait rendre la
vertu uniforme pour tous les hommes !

Quant à Duclos, il résulterait de sa
définition qu'un homme vicieux, qui

rendra un dépôt par suite de la violence excessive qu'il se sera faite, pourra se glorifier d'un acte de vertu; tandis que l'honnête homme qui, en suivant l'impulsion de son cœur, sacrifiera une partie de sa fortune en faveur de l'orphelin délaissé, ne devra pas attribuer à sa vertu ce trait de générosité. On ne donnera ainsi le titre d'homme vertueux qu'à celui dont la vie offrira une série d'efforts sur lui-même dans l'intérêt des autres ! — Ne détruisons point, par une sévérité exagérée, la satisfaction intérieure produite par le témoignage d'une bonne conscience. Nous nous donnons déjà si peu de peine pour notre avantage propre et immédiat ! Où sera notre force, s'il faut l'employer au profit seulement de nos semblables ? D'ailleurs l'homme qui fait le bien par sentiment n'est-il pas plus digne d'être aimé que celui qui ne le fait que par raison ? — Oui, répondra Duclos ; mais ce dernier mérite plus d'estime : il est vertueux ; l'autre ne l'est pas. — Concluons que Duclos n'a pas l'art de rendre la vertu aimable.

Les définitions sont presque toujours défectueuses. Celles que les philosophes de tous les temps ont données de la vertu ont inspiré aux hommes sur ce sujet des idées si fausses, si extrêmes, ils la regardent généralement comme tellement au-dessus de leur portée, qu'on ne peut en prononcer le nom sans s'exposer au ridicule; et cependant, qui est-ce qui n'estime la bonté, la bienveillance, la probité? et que sont ces qualités, sinon des vertus? Nous rejetons l'idée abstraite de vertu qui nous rappelle les rêves des moralistes; mais nous aimons les vertus réelles, parce que nous sentons leur utilité.

CXCIII.

Nous avons la manie d'étendre le sentiment actuel sur la vie passée et future. —Sommes-nous à notre aise, contens des autres et de nous-mêmes? nous affirmons, nous croyons que nous n'avons jamais été malheureux, que le sort nous a toujours été doux et benin; et si nous n'étions retenus par une sorte de crainte superstitieuse, nous oserions presque lui défendre en face d'enlaidir notre avenir.—Éprouvons-nous un chagrin, ou seulement une contrariété? nous nous écrions, dans l'amertume du cœur : Que suis-je venu faire sur cette terre de désolation où tous les plaisirs m'ont fui, où tant de peines me sont réservées?—Il faut toujours que nous ajoutions quelque chose du nôtre au bien comme au mal qui nous surviennent, semblables à ces gens qu'on vient de griser, et qui veulent entrer dans tous les cabarets.

CXCIV.

Dans la conversation, la plupart des hommes se parlent à eux-mêmes plutôt qu'à leurs interlocuteurs : c'est quand on est seul qu'il faudrait savoir se parler.

CXCV.

On ne sent le bien-être du sommeil qu'au moment où il est troublé : c'est un rapport de plus entre le sommeil et ce que les hommes, en désespoir de cause, sont convenus de nommer le bonheur.

CXCVI.

Il faudrait penser comme si l'on devait mourir le lendemain, et agir comme si l'on ne devait jamais mourir. — La sagesse a aussi ses inconséquences.

CXCVII.

Il en est des plaisirs comme des alimens : les meilleurs ne sont pas les plus savoureux, mais ceux qui flattent le goût sans l'irriter.

CXCVIII.

Combien de fois l'épouse infidèle et son amant, au milieu des inquiétudes, du trouble, de l'agitation, de la satiété de leur passion réciproque, n'ont-ils pas envié la tranquillité de l'homme qu'ils trompaient ensemble !

CXCIX.

Nous nous trouvons souvent plus à l'aise avec les ennemis de nos amis qu'avec leurs amis : les discours médisans des premiers nous fournissent l'occasion de prouver la bonté de notre caractère par nos efforts pour pallier des défauts que nous ne pouvons nous empêcher de reconnaître ; les derniers excitent notre mécontentement par leurs louanges fondées ou non : ils disent du bien d'un autre que nous.

CC.

Sommes-nous heureux ? on nous envie ; sommes-nous malheureux ? on nous blâme; et dans tous les cas nous sommes calomniés.

CCI.

Tu ne seras jamais tranquille si tu ne peux te résigner à être trompé.

CCII.

Soyons égoïstes, admettons l'égoïsme: nous voilà en paix avec tout le monde; soyons sensibles, exigeons de la sensibilité : nous voilà en guerre avec le genre humain.

CCIII.

Les femmes galantes sont des chiens de chasse, qui ne suivent que le fusil.

CCIV.

Au moral comme au physique, maladie est souvent guérison.

CCV.

On peut dire du malheur ce qu'on a dit du ridicule : l'accepter c'est le détruire.

CCVI.

L'homme vulgaire craint la mort : le philosophe craint de la craindre.

CCVII.

Certaines gens affectent de se déprécier dans la conversation, pour s'attirer une contradiction bénévole. — « Je ne saurais
« me dissimuler que je n'ai pas un carac-

« tère aimable : je suis difficile à vivre ;
« etc. » — Amusez-vous à prendre au pied
de la lettre les mauvais complimens que
s'adressent ces quêteurs de louanges : —
« Eh bien, mon cher, c'est très-fâcheux :
« on se fait des ennemis ; etc. » — Votre
interlocuteur a bien vite changé de batteries : — « Quand je dis que je suis difficile
« à vivre, je n'entends pas par là que.....
« ni que..... ni que..... » — Le résumé
de tous ces amendemens, c'est que vous
avez devant vous l'homme par excellence.
Prenez alors un air distrait : il enrage de
l'idée que la première impression subsiste. — Tu l'as voulu, Georges Dandin !

Gardez-vous de jouer ce jeu avec les

femmes : elles ont une mémoire impitoyable pour les petits chagrins de la vanité. Si vous vous ingérez d'être de l'avis de celle qui à un joli minois joint une taille un peu épaisse, quand elle préfère la beauté des formes aux agrémens de la figure, vous êtes un homme perdu.

Au fait, à bien considérer la chose, je crois qu'il vaut mieux, dans tous les cas et à l'égard de tous les sexes, feindre d'être dupe de la vanité d'autrui. N'est-ce pas, nous-mêmes, par vanité que nous nous plaisons à la mystifier ? Plus d'une fois l'homme d'esprit a payé cher, dans les circonstances graves, le futile plaisir de s'être diverti aux dépens des sots dans les petites circonstances.

CCVIII.

L'homme est tellement né pour le changement, qu'il finirait par se détester lui-même s'il ne changeait sans cesse. Le *moi* qui regarde détesterait le *moi* qui agit s'il ne le voyait courir tantôt légèrement, tantôt marcher à pas comptés, tantôt rire, tantôt pleurer ; et comme beaucoup de ces changemens ne sont qu'intérieurs, nous nous lassons des autres bien plus vite que de nous : nous nous sentons changer plus que nous ne les voyons changer ; le tout indépendamment de la différence d'affection naturelle.

CCIX.

Voyez ces pacifiques herbivores, les uns broutant nonchalamment dans de gras pâturages, les autres arrachant çà et là quelques rares gramen à des steppes arides, les autres enfin gagnant une mince subsistance à traîner de lourds fardeaux sous un fouet implacable; tous inaptes à manger de la chair, presque tous bons à manger; race inoffensive, et par cela même sans cesse offensée; proie native de la première bête de proie qui a faim : telles sont à peu près les diverses classes d'honnêtes gens dans l'état de société.

CCX.

Chacun est plein de soi, et se fâche de ce que chacun est plein de soi; chacun caresse son égoïsme et bat celui des autres. Quoi qu'il en soit, les hommes vivraient en paix sans les petitesses et les manies qui les dominent. Pas un qui n'ait sa marotte; et malheureusement toutes ces marottes sont belliqueuses : dès qu'elles s'aperçoivent, elles se choquent, elles se pincent, elles se déchirent, elles se décoiffent... enfin elles pleurent, et nous autres grands garçons, nous sommes assez sots pour prendre fait et cause. — Donne des bonbons à la marotte de ton voisin : la tienne en recevra, et vos deux poupées vivront en bonne intelligence.

CCXI.

Un sage sans prétention a dit : « L'hom-« me est un sot animal, si j'en juge par « moi. » La véritable philosophie est là tout entière. Quel est en effet le but du véritable philosophe ? la tranquillité d'esprit : or, celui qui méprise et les autres et lui-même est à la fois trop dédaigneux et trop humble pour être bien irritable.

CCXII.

Avez-vous réfléchi quelquefois sur le charme des nouvelles connaissances ? Ecoutez, et vous direz : il a raison.

Tous les hommes ont une provision plus ou moins considérable d'idées générales et particulières, de sentimens particuliers et généraux. Au premier abord, chacun ouvre son sac : on fait des échanges. — On se revoit. — Cela dure quelque temps; puis, quand chacun a choisi ce qui lui convenait, il regarde d'un œil de pitié ce sac qui ne contient plus rien qui le tente, et il court en chercher un nouveau. — Il y a des gens cependant qui, après s'être réciproquement mis à sec, passent le reste de leur vie à faire entre eux un petit commerce des verroteries qu'ils ont trouvées çà et là : voilà les amitiés communes. — Il y a d'autres personnes dont le sac, composé d'une étoffe très-élastique, s'étend à volonté, et peut chaque jour recevoir de nouvelles denrées : quand deux porteurs de ces sortes de sacs se rencontrent, il s'établit entre eux un commerce suivi et des relations très-actives qui peuvent durer jusqu'à la mort : voilà la bonne amitié, l'amitié des gens de mérite. — Quoi qu'en disent les apologistes de la nullité, le mérite, même abstraction faite du bonheur général, est donc encore utile au bonheur particulier, puisqu'il peut nous procurer un ami.

CCXIII.

En toute affaire, l'honnête homme est

toujours disposé à croire qu'il traite avec un honnête homme, et le fripon procède toujours comme s'il traitait avec un fripon ; d'où il suit qu'il n'y a guère pour le premier que la chance d'être dupe, et que pour le second il y a celle de duper... tant le Ciel protége l'innocence !

CCXIV.

Ce que l'homme le plus généreux donne le plus volontiers, c'est une poignée de main... encore quand cela ne l'engage à rien.

CCXV.

Le plaisir est partout pour celui qui ne

le cherche nulle part ; il n'est nulle part pour celui qui le cherche partout.

CCXVI.

Il y a beaucoup de gens dont toute la sensibilité consiste à croire aimer.

CCXVII.

Ce que les hommes aiment de la vertu, c'est le prétexte qu'elle leur offre de médire et de calomnier.

CCXVIII.

On dit : *Petites causes, grands effets :* voilà peut-être pourquoi tant de gens se croient de grands génies en ne faisant que de petites choses.

CCXIX.

Les femmes du monde, outre les autres rapports qui existent entre elles et les actrices, ont, comme celles d'opéra-comique, le privilége de faire passer maintes platitudes à l'aide d'accens mélodieux.

CCXX.

Vous qui repoussez la République sous le prétexte de l'essai malheureux mais court qui en a été fait, trouvez-vous donc si heureux le long essai qui a été fait de la Royauté?—Jasez un peu moins et lisez un peu plus.

CCXXI.

Dans quelque circonstance que ce soit,

les raisons émises par l'homme éclairé sont presque toujours les moins goûtées, précisément parce que ce sont les meilleures, et que les hommes ne se conduisent et ne se laissent ordinairement conduire que par des considérations étrangères au bon sens.

CCXXII.

Tu as une femme jolie et un ami malheureux, et tu oses tirer ton ami de la misère !..... Imprudent ! tu ne connais donc pas la malignité humaine ?... Voilà ta femme perdue de réputation !

CCXXIII.

N'étendons point le domaine des prétentions. A cet égard comme en politique, de trop grandes possessions attirent des incursions acharnées. Il est vrai que le pays est fertile : ravagé, il ne tarde pas à refleurir ; mais on a combattu, on a souffert ; et quand tout reverdit, il faut combattre, il faut souffrir encore. C'est le cas, ou jamais, de dire : *Qui terre a guerre a.*

CCXXIV.

Nous sommes souvent bien cruels sans nous en douter. Que de fois ne nous arrive-t-il pas, en société, soit de prendre avantage de la bêtise, de la timidité d'un homme, soit de prendre sujet de ses petits ridicules, pour faire de lui le but de nos sarcasmes! Il nous semble que nous plaisantons innocemment, tandis que notre pauvre victime, qui cherche à garder bonne contenance, a l'esprit à la gêne et le cœur tout gonflé. —Eh! pourquoi railler, pourquoi faire du mal, même en jouant?— Si tu veux à toute force rire de quelqu'un, jette les yeux sur toi-même; et qui que tu sois, tu trouveras de quoi te satisfaire largement; et ce rire-là du moins te sera profitable. — Rire à ses propres dépens est toujours d'un sage; rire aux dépens d'autrui est presque toujours d'un sot.

CCXXV.

Tu as du calme dans les humeurs, de la générosité dans les sentimens, et tu veux t'entourer d'affections : te voilà donc faisant tout le bien qui tente ton cœur. — Mauvais moyen.—Celui-ci vaut mieux : en affaires, en plaisirs, dans toutes tes relations, sache être dupe, ou du moins le paraître. Au mépris des phrases courantes, fausse monnaie mise en circulation par les habiles et prise pour argent comptant par les niais, je dis que chacun hait son bienfaiteur comme on hait un témoin de ses faiblesses ; que chacun aime sa dupe, comme on aime tout ce qu'on a fait.

CCXXVI.

Les philosophes qui ont pris la morale pour objet de leurs spéculations pourraient être rangés en deux classes : *Moralistes extérieurs* et *Moralistes intérieurs*. La première comprendrait ceux qui, aux diverses époques du monde civilisé, ont par de sages préceptes éclairé leurs semblables sur leurs droits et leurs devoirs respectifs, et leur ont ainsi frayé le chemin le plus direct vers l'état social le plus supportable. On sent que parmi ces derniers figureraient les législateurs, puisque les bonnes lois sont les meilleurs préceptes. La seconde classe serait composée de ceux dont l'œil de lynx a pénétré dans les replis du cœur humain, et qui ont présenté l'homme à l'homme, les uns nu et même disséqué, les autres sous le voile transparent de fictions plus ou moins ingénieuses.

Les progrès de la civilisation, en compliquant les rapports sociaux, ont dû nécessairement étendre beaucoup le domaine de la morale, mais surtout celui de la morale *intérieure* ; car l'état de société le plus imparfait supposant toujours des notions du *juste* et de *l'injuste* et des autres points principaux de la **Morale extérieure**, celle-ci n'avait pas tant à acquérir que la première, qui long-temps a été moins cultivée, parce qu'elle est d'une utilité moins immédiate, et qu'on n'éprouve guère le besoin du superflu avant de posséder le nécessaire. Il est vrai de dire en effet que la *Morale intérieure* est le luxe de la morale. Aussi n'a-t-elle jamais fleuri que chez les peuples arrivés au dernier terme de la civilisation. Et de même qu'un sourire de supériorité dédaigneuse vient effleurer les lèvres d'une coquette habituée à toutes les recherches de la toilette du grand monde, quand ses yeux se portent sur un tableau représentant une femme des premiers siècles connus, revêtue seulement d'une peau de lion ou de panthère, de même les Zoroastre, les Confucius, nous paraissent des gens bien simples, et nous sommes tentés de leur crier : *C'était bien la peine de nous dire ce que tout le monde sait !..* sans songer que leurs maximes étaient aussi neuves quand ils les écrivaient, qu'elles sont usées quand nous les lisons.

Quoi qu'il en soit, nous ne sommes que trop portés à donner dans l'excès contraire à celui que nous leur reprochons ; et nous croyons avoir *trouvé une vérité*, quand nous avons enchâssé une idée fausse à facettes scintillantes dans une phrase délicatement ciselée.

ID="N" /**QUELQUES TABLEAUX

DE LA VIE DE MONTAIGNE.

— « Et le costume !... » vont s'écrier messieurs tels et tels, qui se sont faits les tapissiers et les tailleurs du *bon vieux temps*. — « Et les caractères !... » me dis-je souvent en lisant leurs œuvres.

La paix de Dieu, mes chers amis !... Passez-moi la casse : je vous passerai le séné ; et empoisonnons notre monde sans nous jeter la pierre.

I.

LA PHILOSOPHIE DANS L'AMOUR.

Montaigne était, depuis six mois, l'amant favorisé d'une jeune veuve fort jolie. Un soir il vint chez elle, comme à l'ordinaire, vers l'heure fixée pour le rendez-vous. La dame le reçut dans son *cabinet*. Là, près d'une mante en velours était un *saint-Augustin*; une toque empanachée couvrait à demi de petits anneaux bénis ; sur un voile blanc, qu'elle venait de quitter au retour d'une procession, on voyait une boucle de cheveux bruns; l'*explication des songes par Albert-le-Grand* ressortait de dessous l'oreiller du sofa où ils se placèrent. Au-dessus de leurs têtes pendait le portrait de la sainte Vierge, dans un cadre superbement doré et ciselé.

A peine revenus de l'ivresse où les avaient plongés les caresses les plus vives, tous deux gardaient le silence. La dame, languissamment couchée, contemplait, les yeux à moitié clos, son amant qui, penché vers elle, tenait sa main dans les siennes, portait de temps en temps à ses lèvres cette main ferme et potelée, et prenait plaisir à la promener doucement sur ses moustaches noires et touffues. Montaigne dit enfin :

— Eh bien, quand vous épouse-t-il?

La belle est debout; sa respiration est pénible, sa figure écarlate.

— Que.... que voulez-vous dire?.... De qui me parlez-vous ?

— Vous le savez bien : de d'Aubeterre.

—Quoi! le comte vous aurait dit ?...

— Il ne m'a rien dit du tout ; mais vous l'aimez, je le sais.

Elle pâlit, s'appuie contre un fauteuil, et essaie de sourire.

— Mais vous perdez l'esprit, Montaigne, en vérité.

Montaigne la regarde avec douceur, l'entoure mollement de ses bras et l'attire sur ses genoux.

— Ne restez donc pas debout devant moi comme une coupable.... Allons, ma mie, expliquons-nous franchement.

— Doutez-vous de ma franchise?...

— Non.

— De mon amour?...

— Pas davantage.

— Alors...

— Alors, écoutez-moi. Vous rappelez-vous, il y a trois semaines, le jour de la Saint-Pierre, à cette heure-ci même, comme vous me caressiez?

—Eh bien, oui... comme aujourd'hui... comme toujours.

— Comme toujours, non ; comme il y a six mois.

— Mais depuis la Saint-Pierre...

—Oh! depuis la Saint-Pierre, vous m'adorez, je le vois... Or donc ce jour-là, en retournant chez moi, je réfléchissais sur cet amour exalté, qui m'étonnait au point où nous en sommes, et je me disais : C'est singulier! à l'entendre elle m'idolâtre; elle m'appelle son tout, sa vie.....
Je n'ai pourtant aucun tort à me repro-

cher....... Et sur ce, je me mis à observer.

La dame quitte ses genoux, et marche à grands pas.

— Observer..... observer !..... Et qu'avez-vous vu ?..... M'avez-vous surprise avec le comte ?.... Avez-vous ?......

— J'ai remarqué que vous ne le regardiez presque jamais.

— Eh bien ?.....

— Mais lui vous regarde toujours.......

— Est-ce ma faute si ?......

— Souvent ses yeux demandent, mais quelquefois ils remercient.

— Ah ! le vilain homme !..... Vous prenez plaisir à me tourmenter, à m'obséder par la jalousie la plus absurde !...

—Moi jaloux!... Point du tout. Je trouve tout simple que vous accédiez aux désirs du comte, qui vous offre une existence brillante et honorable. Quant à moi, vous le savez, je refuserais la Sagesse même si elle me demandait en mariage.

— Ah! Montaigne! si vous aviez voulu!....

Il se lève, s'approche d'elle, la mène vers le sofa, où ils se rasseient.

— Vous voyez donc bien que vous n'avez aucun tort envers moi...... Mais je me reprocherais envers vous un défaut de loyauté si je ne vous faisais bien connaître le caractère de votre amant. Le comte d'Aubeterre a beaucoup de bonté, d'amabilité, d'entre-gent; mais prenez-y garde: c'est une âme ardente, et il n'y a pas à se jouer avec ces gens-là. Vous voulez l'épouser, c'est convenu : je vais vous dire ce qu'il faut faire.

—En vérité, vous m'humiliez, vous.....

—Eh bien, baissez les yeux, mais écoutez. Le comte est profondément religieux. Malgré tout son amour pour vous, vous voyez qu'il se garderait bien de vous offrir à l'église de l'eau bénite.

—Quoi! vous vous êtes aperçu?.....

—Oui : je me suis aperçu hier de votre humeur, quand il sortit sans vous regarder de Saint-Germain-l'Auxerrois. Aujourd'hui vous le boudez, et vous avez tort...... Mais passons. Savez-vous le moyen de lui plaire, à ce cher comte ? Je ne vous dirai pas qu'il faut devenir prude ; cela ne vous serait pas possible : il faut tempérer cette gaîté badine que j'aime tant, moi, parce que je suis un vaurien ; il ne faut jamais plaisanter, comme vous le faites quelquefois, avec nos jeunes chevaliers ; il faut, je ne dirai pas être hypocrite, mais tâcher d'aimer Dieu un peu plus encore que vous ne l'aimez....... Enfin..... et c'est là ce qui me coûte le plus à dire....... il faut ne nous plus voir.

— Oh! ciel! que me dites-vous!...

— Votre intérêt le commande. J'en

suis désolé, mais si vous voulez épouser le comte, ce parti est indispensable.

— Aurait-il des soupçons?...

— Aucun jusqu'à présent, mais il ne tarderait pas à en concevoir...Croyez-moi, faites ce que je vous conseille, et dans trois mois je viendrai ici saluer très-humblement madame la comtesse.

La dame demeure pensive et immobile. Enfin, regardant Montaigne de l'air le plus doux et le plus tendre :

— Mais vous, qu'allez-vous devenir?.. Vous me perdez... Le chagrin que je vous cause me fait une peine!...

— Soyez tranquille, belle amie : j'y ai pourvu.

— Comment! que m'apprenez-vous!..
Ah! traître! perfide!... une rivale!...
Moi qui croyais!... Et depuis quand?...

— Depuis la Saint-Pierre.

A ce mot, elle baisse la tête et se met à pleurer.

Montaigne eut beaucoup de mal à la consoler et de son infidélité et de la sienne. Enfin il en vint à bout : ils se séparèrent les meilleurs amis du monde; et, comme il l'avait prévu, trois mois après, à la même place, il présentait ses félicitations à madame la comtesse d'Aubeterre, qui les recevait avec toute la réserve et la décence requises.

II.

FANATISME ET TOLÉRANCE.

Une douzaine de paysans, prévenus du crime de sorcellerie, venaient d'être arrêtés et traduits au parlement de Bordeaux. Plusieurs avaient été mis à la question : tous avaient avoué leur intelligence avec Satan. Les juges étaient sur le point de satisfaire à l'indignation publique et à leur conscience en les condamnant à mort. M. de Montaigne voyait avec pitié la folie de ces *pauvres diables*, et pensait qu'ils avaient plutôt mérité de *l'ellébore que de la ciguë.* Il ne voulait pas participer à une condamnation que sa haute raison réprouvait : en conséquence sa santé, jusque-là très-florissante, parut s'altérer tout à coup : il ne sortit plus de chez lui ; et comme il n'était pas malade, un médecin fut appelé.

Au nombre des valets de M. de Montaigne était un nommé Pierre Billaud, homme fort doux, très-pieux, dont le frère faisait partie des sorciers mis en jugement. Ce brave garçon, depuis l'arrestation de son frère, paraissait plongé dans une sombre rêverie; il négligeait beaucoup son service, qui d'ordinaire n'était jamais interrompu que par des exercices de dévotion. Son maître avait donné l'ordre qu'on ne le contraignît en rien.

Un jour donc que trois de ces malheureux avaient été appliqués à la question, et que le peuple, dans sa superstitieuse folie, avait reconduit les magistrats à leurs demeures avec de grandes acclamations, Pierre Billaud vint trouver le maître-d'hôtel, et le pria de vouloir bien solliciter pour lui de M. de Montaigne un entretien particulier. On attendit que M. de la Boëtie, qui causait en ce moment avec le malade, se fût retiré, et la demande fut faite et accordée sur-le-champ.

On entendit sur l'escalier la marche lourde de Billaud qui montait en sanglottant.

— Eh bien, mon pauvre Pierre, te voilà bien chagrin! tu aimais tant ton frère!... Je me félicite beaucoup d'avoir obtenu du parlement que ni toi ni aucun des tiens ne seriez tourmentés pour cette malheureuse affaire.

—Oh! monseigneur, ce n'est pas cela qui m'inquiète; c'est quelque chose qu'on vient de me dire.

— Que t'a-t-on dit?

— Monseigneur, c'est le sommelier qui me disait ce matin, sous votre respect, qu'il vous connaissait bien, que vous aviez trop de bonté pour laisser mourir mon frère, et qu'il était bien sûr que vous obtiendriez sa grâce.

— Je l'aurais voulu, mais...

Billaud tombe à genoux, et, tendant les mains vers son maître :

— Ah! monseigneur, monseigneur, au nom du bon Dieu et du bienheureux saint-Michel votre patron, n'en faites rien!

— Comment! misérable, tu veux la mort de ton frère!

— Oui, monseigneur; mais ne vous

fâchez pas : c'est pour son bien... Il est sorcier ! il est sorcier !...

— Pour son bien ! Que veut dire cela ?... Il est sorcier ! Quelle preuve en as-tu ?

— Un soir, sur la brune, dans le bois de la Vauguyon, il m'a fait voir le diable : c'était un gros bouc. J'ai fait un signe de croix ; je me suis enfui de toutes mes jambes, et puis tout-à-coup je n'ai plus rien vu... Vous voyez bien, monseigneur, qu'il est sorcier.

— Tu ne l'es pas, toi, mon garçon... Mais dis-moi pourquoi tu veux qu'il soit brûlé pour son bien.

— Monseigneur, vous saurez que j'ai

fait un rêve que Guillaume le palefrenier m'a expliqué : cette nuit, j'ai vu la sainte Vierge...

— Je n'ai pas besoin de connaître ton rêve, mais l'explication qu'on t'en a donnée. Que t'a dit Guillaume ?

—Monseigneur, il m'a dit que ça prouvait que mon frère serait damné dans l'autre monde s'il n'était pas brûlé dans celui-ci ; mais que le feu purifiait tout, et que quand il aurait passé par le bûcher, Dieu lui ferait peut-être miséricorde.

M. de Montaigne, pendant quelques secondes, fixa sur son valet ce regard pénétrant et douteur qui souvent animait sa physionomie ; mais en considérant ce front ingénu, il eut bientôt admis toute la puissance d'un rêve.

— Dis-moi, Billaud : ton frère, dans un moment de gêne, n'a-t-il pas vendu à Guillaume plusieurs journaux de terre à très bon marché ?

— Oui, monseigneur.

— Depuis la vente, n'a-t-il pas plus d'une fois menacé l'acquéreur d'un procès ?

— Je crois qu'il y a eu entre eux quelques tracasseries sur ce sujet-là.

— C'est bien. Retire-toi..... J'aurais voulu obtenir la grâce de ton frère, mais cela est impossible : avant quinze jours il sera exécuté. Ainsi, tu peux être tranquille.

— Monseigneur, j'aurais encore une grâce à vous demander.

— Qu'est-ce ?

— Je voudrais faire un pélerinage à Notre-Dame de....., pour le salut de l'âme de mon pauvre frère. Si monseigneur voulait me permettre de m'absenter le temps nécessaire, je partirais demain à la pointe du jour, je ferais toute la route nu-pied, et je suis bien sûr que j'obtiendrais ce que je désire.

— Je te le permets : pars quand tu voudras.

— Ah! monseigneur, vous êtes trop bon!... Je mourrai à votre service.

Et la sérénité reparut sur le visage de Pierre.

— Que ce maraud est heureux, disait M. de Montaigne en le regardant sortir, de pouvoir calmer le trouble de son âme au prix de quelques égratignures!

Le même jour, Guillaume le palefrenier fut congédié, et ne s'avisa de sa vie d'expliquer les songes.

III.

LA LETTRE DE MADEMOISELLE DE GOURNAY.

Je vois le bon Montaigne, au milieu d'une froide soirée de décembre, assis près d'une large et haute cheminée, dans la grande salle réparée et ornée par son père. Enfoncé dans son fauteuil, il a l'air d'écouter avec recueillement le vent bruire dans l'âtre ; de temps en temps il porte la main sur ses yeux quand un léger tourbillon vient soulever les cendres; sa jambe gauche, placée sur la droite, se balance négligemment, et un grand lévrier, couché près de lui, ronge paisiblement la pantoufle à moitié sortie de celui de ses pieds qui est immobile.

Je vois, de l'autre côté de la cheminée, madame de Montaigne assise à une petite table, entre sa fille qui peut avoir neuf ans, et la gouvernante. Sur le rapport de cette dernière, elle adresse de douces réprimandes à la petite, accusée d'avoir sauté trois grains de son chapelet, le matin même, en faisant ses prières.

Montaigne ne paraît rien entendre : cependant un sourire imperceptible vient effleurer ses lèvres. La remontrance maternelle se termine par l'expression de la crainte que l'enfant chéri ne ressemble un jour à ces méchans huguenots qui blasphèment Dieu, persécutent leur roi et damnent leur âme. A cet affreux tableau, la pauvre enfant pâlit, pleure et se rapproche involontairement de sa mère en joignant ses petites mains. Un baiser la rassure ; et elle s'assied aux pieds de *Madame*, sur un petit tabouret.

— Par saint Michel ! s'écrie Montaigne en retirant sa proie au chien rongeur et lui alongeant un grand coup de pied... le diable!.....

Le chien crie; les trois femmes se signent.

Un domestique entre et remet une lettre à son maître. Le messager, dit-il, n'a pu arriver plus tôt, parce qu'il avait une commission pour M. de Bouillhonnas, qui lui a fait donner à souper. A la vue de l'adresse, une exclamation de plaisir échappe à Montaigne. Sa femme le regarde d'un air inquiet, et prenant un ton aigre :

— Encore de cette chère damoiselle de Gournay?.....

Montaigne lit tout bas sans lui répondre.

— Avec son grec et son latin, elle fait de vous tout ce qu'elle veut.

Montaigne lit.

— Vous la préférez à votre femme, à votre enfant......

Montaigne lit.

— Enfin à votre maison, que vous préférez à votre enfant et à votre femme.

Montaigne lit toujours.

— Toutes ces belles sciences ne sont pas bonnes pour les personnes de notre sexe.

Ici, la gouvernante soupire d'un air pincé, en jetant à la dérobée sur sa maîtresse un regard humblement approbatif.

— Aussi moi, quoique monsieur mon

père fût conseiller au parlement de Bordeaux, et que, si j'en avais eu l'envie, certainement j'eusse pu....... Mais je n'ai jamais voulu. Une damoiselle qui se respecte ne doit pas.......

Montaigne lève la tête, et la regarde en souriant.

— Eh bien ! va-t-elle encore vous attirer à Paris comme l'année dernière, où vous avez pensé y mourir de votre colique?

Montaigne, en repliant la lettre, lui répond tranquillement : Non.

Aussitôt madame de Montaigne reprend un air de sérénité. Son mari se lève, et lui dit d'un ton gai : Dame, voulez-vous jouer?

—Elle accepte. —On apporte des cartes, et la partie matrimoniale commence.

Le reste de la soirée se passe d'une manière insignifiante.—On vient remettre les clefs à Montaigne ; la gouvernante, au défaut de sa maîtresse, sort pour aller présider à la prière des domestiques ; et bientôt toute la respectable famille va goûter les douceurs du sommeil dans les vastes lits de 1582.

IV.

RECUEILLEMENT.

Considérez au troisième étage de cette tour, dans cette grande chambre ronde, ce petit vieillard tout habillé de noir, à l'œil vif, à la démarche ferme, moustaches et cheveux blancs, qui se promène, les mains derrière le dos. — Sur son bureau sont deux in-folio ouverts l'un sur l'autre. —Approchons : *Sénèque, Plutar-*

que. — Plus loin, un petit volume nous présente pour titre: *Stephani Boetiani carmina.* — Je vois encore d'autres livres ouverts sur des fauteuils... Mais c'est assez : examinons-le.—Que fait-il ? Il s'arrête devant le portrait en pied d'un jeune homme d'une figure charmante : il le contemple; puis il se regarde dans un petit miroir encadré de cèdre incrusté de coquilles, et sourit mélancoliquement. — Et puis il caresse une grosse chatte qui ronfle sur un prie-dieu; et puis il écoute, en haussant les épaules, la voix aigre et criarde d'une femme qui gronde un domestique. — Il va à sa fenêtre : quel est l'objet qu'il regarde avec tant d'attention ? C'est son jardinier qui, ce matin, a enterré son propre fils, et qui laboure comme si de rien n'était.—Le voilà à son bureau : il écrit... Retirons-nous sans bruit : c'est pour nous qu'il travaille. — Pendant ce temps, une grosse cloche sonne l'*angelus* au-dessus de sa tête. — Un voisin à face rebondie entre dans la cour avec sa femme en croupe. — Du fond du jardin, une petite demoiselle blanche et fade observe d'un œil curieux les nouveaux arrivans, et se fait réprimander par sa gouvernante longue, maigre et sèche, qui la force à continuer sa promenade.

FIN.

TABLE ANALYTIQUE.

TABLE ANALYTIQUE.

A.

ACTIVITÉ. — xliii, xlviii, lxii, cx, cxcvi.

ACTIVITÉ MORALE. — cxix, clxii.

ACTRICES. — xcix.

ADOLESCENCE. — xci.

AFFAIRES DE GALANTERIE. — clxxxiv.

AFFECTATION. — iv.

AFFECTIONS. — clxvi, clxx, ccxxv.

AGE. — xxxii, xci.
AGE MUR. — xci.
AGITATION MORALE. — cx.
AMBITIEUX. — xxxvi.
AMBITION. — xlviii, lxvii.
AMIS. — xxxvi.
AMITIÉ. — xxi, xxix, lviii, lxxx, lxxxi, cx, clix, clxxiv, clxxx, cxcix, ccxii, ccxxii.
AMOUR. — xxi, xxix, lix, lxvii, lxxx, cxxix, clxxiv, clxxx.
AMOUR ADULTÈRE. — cxcviii, ccxxii.
AMOUR DU BIEN PUBLIC. — cxcii.
AMOUR-PROPRE. — vii, xxi, xxii, xxix, xlviii, cix, cx, cxlii, clviii, clxii, clxx.
ANALYSE MORALE. — xcii, ccxxvi.
ANARCHIE MORALE. — lxi.
ANGOISSES. — xcii.
ANIMAL RAISONNABLE. — cxxxv.
ANIMAL SOUCIEUX. — cxxxv.
ANTIQUITÉ. — clxv.
APATHIE PHYSIQUE. — cxix.

APPARENCE. — lxxiv.
APTITUDE. — lxxxix.
ARTISTE. — ix.
ATTACHEMENT. — xliv.
AUDACE. — clx.
AVENIR (L'). — xci, clxxxviii.

B.

BANQUIERS. — xcix, cxxxiii.
BEAUX-ARTS. — clxv.
BÊTISE. — clxxxii.
BIENFAISANCE. — ccxxv.
BIENVEILLANCE. — xi, xxix, cx, cxxxii, clxx,
    clxxiv, cxcii.
BLAME. — cc.
BONHEUR. — iii, xvi, xlviii, lx, lxix, cx, cxxi,
   cxxxi, cxxxiii, clxiii, cxciii, cxcv,
   cc, ccxii.
BONHEUR (chance favorable). — lxxv, clx,
   cc.

BON HOMME. — LXVIII, CVI, CLXXII, CLXXXII.
BONS GARÇONS. — LIV.
BONTÉ. — XXVI, CXXXIII, CLXI, CLXIII. CLXXII, CXCII.
BRAVOURE. — LXXXII.
BUT. — LXII.

C.

CALME. — LXXX, CV, CX, CCXXV.
CALOMNIE. — XC, CVI, CC, CCXVII.
CAPRICE AMOUREUX. — XXX.
CARACTÈRE. — XXXII, L, LXIX.
CHAGRIN. — LXXXVII, CXCIII.
CHAGRINS DE L'INTÉRIEUR. — LXXX.
CHATEAU EN ESPAGNE. — XCI.
CIRCONSPECTION. — LXI.
CIRCONSTANCES. — CLXVI,
CIVILISATION. — CCXXVI.
CLARTÉ (DANS LES DISCOURS OU LE STYLE). — I
COEUR. — CLXVIII.
COLÈRE. — LXXII.

COMMERCE MESQUIN. — xii.
COMMUNAUTÉ. — clxxiv.
COMPOSITION LITTÉRAIRE. — xciv.
CONDESCENDANCE. — ccvii, ccx.
CONFIDENCE. — lxvi.
CONFUCIUS. — ccxxvi.
CONNAISSANCE DE SOI-MÊME. — xlviii
   cxxviii, clxvi, ccxxiv.
CONSCIENCE. — cxliii.
CONSIDÉRATION PUBLIQUE. — iv.
CONSTANCE. — lxvii.
CONTENTEMENT DES AUTRES. — cxciii.
CONTENTEMENT DE SOI-MÊME. — cx, cxciii.
CONTRARIÉTÉS. — cxciii.
CONVERSATION. — cxciv.
COQUETTERIE. — vi.
COURAGE. — lxxxix.
CRAINTE. — xxxi, xliv, clxi, ccvi,
CRÉATEUR. — clxxxi.
CRIME. — lxxvii.
CULTURE DE LA TERRE. — cxlvi.

D.

DANGER. — LXXX.
DÉCÉDÉ (NOUVEAU). — CXXXII.
DÉCOURAGEMENT. — CXCIII.
DÉDAIN. — XCIX, CCXI.
DÉDAIN (DANS LES MANIÈRES). — IV.
DÉFIANCE. — LII, LIV, CXIV.
DÉFINITIONS. — CXCII.
DÉLICATESSE DE L'AME. — XXXV.
DÉMENCE. — CXIX.
DÉPENSE. — XLI, LXIII.
DÉSABUSEMENT. — XXIX, CX.
DÉSESPOIR. — LXXX.
DÉVOTION. — XLIX.
DIEU. — LXV.
DIGESTION. — LX, CLXXVI.
DISCRÉTION. — LXVI.
DIX-HUITIÈME SIÈCLE. — CIII.
DOULEUR MORALE. — C, CII, CXXXV, CXXXVIII, CLXIV.

DOULEUR PHYSIQUE. — c, cxxxviii, clxiv.

DROITS. — clii.

DUCLOS (réputation de). — cxcii.

DUPE. — lv, lxxi, ccxiii.

DUPERIE. — lv, lxxi, ccxiii, ccxxv.

DURETÉ DE CARACTÈRE. — cxxxiii.

E.

ÉCONOMIE. — xli.

ÉCRIVAIN. — cxx.

EFFRONTERIE. — lxxxii.

ÉGOISME. — xxix, cxlii, ccii, ccx.

EMPORTEMENT. — lxxx.

ENFANCE. — xci.

ENFANS. — cxli, clxxxvii.

ENGOUEMENT. — ccxii.

ENNEMIS. — xxxvi.

ENNUI. — xxix, xcv, cxi, cxli.

ENTHOUSIASME. — xxix, lxxx.

ENTREPRISES. — lxxv.

ENTREPRISES AVENTUREUSES. — l.

ENVIE. — xi, cxx, cxcix, cc.
ESPÉRANCE. — xci.
ESPRIT. — lxii, cxxii, clxviii.
ESPRIT BORNÉ. — cxxviii, cxci.
ESPRIT JUSTE. — cxci.
ESPRIT SOUPÇONNEUX. — cxix.
ESTIME. — clxx.
ESTIME DE SOI-MÊME. — cxii.
ESTIME PUBLIQUE. — cxii.
ÉTUDE. — clxii.
ÉTUDE DE SOI-MÊME. — xlviii, cxciv, ccxxiv.
EXALTATION. — cx.
EXPÉRIENCE. — clxix.

F.

FACULTÉS INTELLECTUELLES. — clxxix.
FAIBLESSE D'AME. — lxxxiii, cx.
FAIBLESSE DE CARACTÈRE. — lxxii, cxxv.
FAIBLESSE D'ESPRIT. — xlviii, cx.
FAIBLESSE PHYSIQUE. — cxxv.
FAIBLESSES (bonnes). — clxxxiii.

FAIBLESSES (MAUVAISES). — CLXXXIII.
FAIBLESSES DES FEMMES. — XCIX.
FATALITÉ. — LXIX.
FAUSSETÉ. — XVII, CXLV, CXCIX, CCVII.
FAUTE. — LXXV, LXXVII, CXLIII.
FAVEURS DES FEMMES. — XCIX.
FEINTE. — XVII, CLVII.
FEMME. — VI, XIV, XIX, XXV, XXX, XXXVII, XLII, LI, LIX, LXVI, LXXVIII, CIV, CXVII, CXXIII, CXXIX, CXXXIII, CXLI, CXLV, CL, CLXXIII, CLXXXIV, CCVII.
FEMMES D'ESPRIT. — LIV.
FEMMES DU MONDE. — CCXIX.
FEMMES GALANTES. — CCIII.
FEMMES HONNÊTES. — XCIX.
FERMETÉ DE CARACTÈRE. — LVI.
FERMIERS. — CXLVI.
FIERTÉ. — XXXIII.
FILLES DE JOIE. — LXXI.
FLEGME. — LXXX.

FOLIE HUMAINE. — xxiii, lxxiv, xcix, cv, cxviii, ccxxi.

FORCE D'AME. — lxix, lxxx, cv.

FORCE DE CARACTÈRE. — lxxx.

FORTUNE PÉCUNIAIRE. — lxix.

FRANCHISE. — cxiv, cxvii, cxl.

FRIPON. — lv, cxxxix, clx, ccxiii.

FROIDEUR DANS LES MANIÈRES. — iv.

G.

GALÉRIENS. — lxxi.

GELÉE (effets opposés, moraux et physiques, de la). — cxc.

GÉNÉROSITÉ. — cxcii, ccxiv, ccxxii, ccxxv.

GÉNIE. — xcix, cii.

GENS DE COUR. — xl.

GENS DU MONDE. — xxxvi, cx.

GLOIRE. — xxix, c, cii, clxxviii.

GRAND HOMME. — cxxxv.

GRANDS. — xxxiv.

GUÉRISON MORALE. — cciv.

H.

HABILETÉ. — lxxv.
HABITUDE. — xlix, lxxxix, clxxxvi.
HAINE. — lxxxi, cvi, clv, clxxiv.
HELVÉTIUS (réputation d'). — cxcii.
HÉROS. — lxxx.
HEUREUX DU SIÈCLE. — cxlvii.
HOMME. — clxxxiv, clxxxvii.
HOMME BORNÉ. — cxkxvii.
HOMME DE LETTRES. — ci.
HOMME DE MÉRITE. — clxxix.
HOMME D'ESPRIT. — ii, xviii, cviii, cxxviii, ccvii.
HOMME ÉCLAIRÉ. — cxiv, cxxxvii, clv, ccxxi.
HOMME ORDINAIRE. — cxxxv, ccvi.
HOMME RAISONNABLE. — clxxi.
HONNÊTE HOMME. — xliv, lxxi, cxxxix, clx, clxxxii, ccxiii.
HONNÊTES GENS. — ccix.
HUMEUR (air d').

HUMEUR (mauvaise). — cxxv.
HUMILITÉ. — ccxi.

I.

IDÉE. — xcvii, cxx.
IDÉES AFFECTÉES. — ccxxvi,
IDÉES FAUSSES. — lxv, cxix, cxlvi, clxxix, cxci,
   cxcii, ccxxvi.
IDÉES JUSTES. — lxv.
IDÉES PHILOSOPHIQUES. — xv, xlix, ccxxvi.
IDÉES SIMPLES. — ccxxvi,
IDÉOLOGIE. — cxx.
ILLUSIONS. — xlviii, xcviii, cvii, cx.
IMAGINATION. — xci, clxxxviii.
IMBÉCILE. — xcix.
IMITATEUR. — cxx, clxxxi.
IMMORALITÉ. — lxxix.
IMMORTALITÉ. — lxviii.
IMPIÉTÉ. — xlvi.
IMPRUDENCE. — ccxxii.
INCONSÉQUENCE. — cxvii, cxix.
INCONSTANCE HUMAINE. — ccviii, ccxii.

INCRÉDULITÉ. — xlix.

INDÉPENDANCE. — cxlvi.

INDÉPENDANCE (amour de l'). — lxviii.

INDIFFÉRENCE DE L'HOMME ÉCLAIRÉ. — viii.

INDISCRÉTION. — i, lxxxv.

INDULGENCE. — lxx.

INÉGALITÉ DE CARACTÈRE. — xxix.

INGRATITUDE. — xc, cxx, clxi, ccxxv.

INJUSTICE. — cxix.

INQUIÉTUDE D'ESPRIT. — cv, cxix.

INSENSIBILITÉ. — xxix, lxiv.

INSOUCIANCE. — cxcvi,

INSULTE. — xc.

INTÉRÊT PERSONNEL. — cxcii.

IRRITABILITÉ MORALE. — cxxv.

IRRITABILITÉ PHYSIQUE. — cxxv.

IVROGNERIE. — cxlvii, clxv.

J.

JALOUSIE. — cxix.

JEUNESSE. — xci.
JOIES DU MONDE. — xxxviii, lxii.
JOUISSANCES. — lxviii, c, cxxxviii.
JUGEMENS. — xxii, clxxix.
JUSTICE DIVINE. — ccxiii.

L.

LACHETÉ. — lxxxii, cli, clxxxv.
LANGUES MORTES. — clxv.
LANGUEUR DE L'AME. — xlviii.
LA ROCHEFOUCAULD. — xcvi, cxxvi.
LECTURE. — xcvii.
LÉGÈRETÉ DES HOMMES. — clxxv.
LÉGISLATEURS. — ccxxvi.
LOIS. — ccxxvi.
LOIS (multitude des). — lxi.
LOUANGE. — xi, xxxvi, cxcix.
LOYAUTÉ (en affaires de galanterie). — clxxxiv.
LUMIÈRES. — xlviii, xcii.
LUNE (utilité de la). — cxci.

M.

MALADIE MORALE. — CCIV.

MALADRESSE. — LXXVII.

MALHEUR. — LXXXVI, LXXXVIII, CXXXI, CLI, XCV, CC, CCV.

MALHEUR (CHANCE DÉFAVORABLE). — LXXVII, CLI, CLX, CLXXXV, CC.

MALIGNITÉ HUMAINE. — XI, CLI, CCXXII, CCXXIV.

MALVEILLANCE. — XI, XCV, CVI, CXIV, CLI, CLXIII, CLXXIV, CLXXXV, CCX, CCXXIII.

MARIAGE. — XCIX.

MARIÉE (NOUVELLE). — CXXXII.

MAROTTE. — CCX.

MAXIME. — CXXVII, CCXXVI.

MÉCHANCETÉ. — XXVI, CLIV, CLXI, CLXIII, CLXXII.

MÉCHANT. — LXVIII, CLXXII.

MÉCONTENTEMENT DES AUTRES.—IV, XCII, CX, CLXXIV, CCX.

MÉCONTENTEMENT DES CHOSES. —IV, XCII.

MÉCONTENTEMENT DE SOI-MÊME. — IV, VII, XLVIII, XCII, CX, CLXXIV.

MÉDISANCE. — XI, XXXVI, CXCIX, CCXVII.

MÉDITATION.— IX, XCVII, C, CX.

MENSONGE. — XVII.

MÉPRIS. — CLV, CLXVI, CCXI.

MÉPRISE DE SENTIMENT. — XCIII, CLIX, CLXII, CLXVI, CXCIII, CCXVI.

MÉRITE. — CXII, CXIII, CXLIV, CCXII.

MINUTIE. — XXXV.

MISANTHROPIE. — CX, CXXXIV, CLXVI, CLXXXIX.

MODESTIE. — CXXVIII, CLXX.

MORALE. — CCXXVI.

MORALE EXTÉRIEURE. — CCXXVI.

MORALE INTÉRIEURE. — CCXXVI.

MORAL (LE).— LXIX.

MORALISTE. — XX, C, CLXXXIX, CCXXVI.

MORALISTES EXTÉRIEURS.— CCXXVI.

MORALISTES INTÉRIEURS. — CCXXVI.

MORGUE. — XCIX.

MORT. — XLV, CLXXXVIII, CCVI.

MORTALITÉ. — LXVIII.

MOYENS DOUX. — LXXVI.

MOYENS FORTS. — LXXVI.

N.

NÉCESSITÉ. — CLXXI.

NÉGOCIANS. — XLI.

NOBLESSE DE NAISSANCE. — XCIX.

O.

OBSCURITÉ (DANS LES DISCOURS OU LE STYLE). — II.

OBSCURITÉ DE LA VIE. — XCIX.

OBSERVATION PHILOSOPHIQUE. — CLXXXIX. CCXXVI.

OISIVETÉ. — CX, CLXXIV.

ORDRE (DANS LES AFFAIRES). — XLI.

ORGANES DE LA GÉNERATION. — XC.

P.

PARIAS DE LA SOCIÉTÉ. — CLXXII.
PARTIES HONTEUSES. — XC.
PASSÉ (LE). — CLXXXVIII.
PASSION. — CXV.
PASSION (DE L'AMOUR). — VI.
PASSIONS. — XXIII, LXXIII, CX.
PATIENCE. — LXXX.
PAUVRE. — XXXIII, LXIII, CXI.
PAUVRETÉ. — LXIII.
PERFECTIBILITÉ DE L'ESPRIT HUMAIN.—
    XIII, CLXV.
PERSONNALITÉ. — XXIX, L, CXCIV.
PETITES FILLES. — XCI.
PETITESSE MORALE. — CCXVIII.
PETITES VILLES (HABITANS DES). — XCV, CLXXIV.
PETITS ENFANS. — CIV.
PETITS GARÇONS. — XCI.
PEUPLE. — CXLVII.
PEUR. — XLVII, CLX.
PHILANTHROPIE. — CLXVI.

PHILOSOPHE. — IX, LXXX, CXXXVI, CXLVIII, CCVI.

PHILOSOPHIE. — XLVIII, CIII, CCXI.

PHYSIQUE (LE). — LXIX.

PLAISIR. — CCXV.

PLAISIR (AMOUR DU). — LXIII, CCXV.

PLAISIR MORAL. — CXXXVIII, CLXIV.

PLAISIR PHYSIQUE. — CXXXVIII, CLXIV.

PLAISIRS. — LXVIII, CLXIX, CXCVII.

POÈTE. — CXXXVI, CLXV.

POÈTES ANCIENS. — CLXV.

POÈTES MODERNES. — CLXV.

POSITION (CHANGEMENT DE). — LIII.

POSITION SOCIALE. — XCIX.

POUVOIR (DE FAIRE). — CXLIX, CLXXX.

PRATIQUE. — CXLVI.

PRÉCEPTES. — CCXXVI.

PRÉJUGÉS. — CXLVI.

PRÉSENT (LE). — CLXXXVIII,

PRÉTENTIONS. — XXXIX, CVIII, CX, CXLIV, CLII, CCXXIII.

PRÉVOYANCE. — XXXI.

PRIÈRE. — XLVI.
PRINTEMPS (EFFETS OPPOSÉS, MORAUX ET PHYSIQUES, DU). — CXC.
PROBITÉ. — CXCII.
PROCÉDÉS (BONS). — VIII.
PROCÉDÉS (MAUVAIS). — VIII.
PROGRÈS DE L'ESPRIT HUMAIN. — CLXV, CCXXVI.
PROPRETÉ. — XXXV.
PROPRIÉTAIRES-CULTIVATEURS. — CXLVI.
PROSPÉRITÉ. — LXXXVI.
PUBLIC. — LXIV, CI.
PUDEUR. — XXXVII.
PUISSANCE (SUR SOI-MÊME). — LXIX.

R.

RAILLERIE. — CCXXIV.
RAISON. — XXIII, XCVIII, CVII, CXII, CXV, CXXIII, CXXV, CLXXI, CLXXVI.
RAISON (AVOIR). — LVII, CIX, CLXV.
RAISONNEMENT. — XLVII.

RECONNAISSANCE. — CLIX, CLXI.

RÉFLEXION. — CLXIX, CLXXXVI.

RÈGLE DE CONDUITE. — LXI, CCXXVI,

RÈGLES. — CXXX.

REGRET. — LXXXIV.

RELATIONS SOCIALES. — CLXXIV, CLXXV, CCXII, CCXXVI.

RELIGION. — XLIX, LXXIX.

REMORDS. — LXXXIII, LXXXIV.

REPENTIR. — LXXXIV.

REPOS. — CX.

RÉPUBLIQUE. — CCXX.

RÉPUTATION. — CXLIII, CCXXII.

RESPECT. — CLXI.

RÊVERIE. — CX.

RICHE. — XII, XXXIII, XXXIV, LXIII, LXIX, CXI.

RIGUEURS DES FEMMES. — XCIX.

ROIS. — XXIV.

ROMANTISME. — CX.

ROYAUTÉ. — CCXX.

S.

SAGESSE. — XXIII, XLVIII, LX, LXII, LXIX, LXXIV, XCIX, C, CX, CXII, CXVIII, CXXI, CXCVI, CCXXIV, CCXXVI.

SANTÉ. — LXIX, CXLVI.

SAVOIR-VIVRE. — CLVII, CLXXV.

SCRUPULE DES ORIENTAUX. — X.

SCIENCE. — LXII.

SÉCHERESSE D'AME. — CXXXIII.

SENSIBILITÉ. — XXIX, LXIV, CIII, CXLII, CLVI, CLXXVII, CCII, CCXVI.

SÉRÉNITÉ D'AME. — CXLVI.

SÉVÉRITÉ DE PRINCIPES. — CXCII.

SEXE. — XCI.

SIÈCLE D'AUGUSTE. — CLXV.

SINCÉRITÉ. — I, XVII.

SOCIABILITÉ. — CLXXIV, CCXXVI.

SOCIÉTÉ. — XXIX, XLVIII, CX, CXXXV, CXL, CLXVII, CLXXIV, CLXXXVI, CCIX, CCXXVI.

SOLEIL (UTILITÉ DU). — CXCI.

SOLIDITÉ DE CARACTÈRE. — v.
SOLITUDE. — cx, clxxiv, clxxxvi.
SOT. — ii, xviii, cviii, cxxii, cxxxvii, clxxix, cxci.
SOTTISE. — cxii, ccxxiv.
STOICIENS (doctrine des). — lxix.
STYLE (élégance de). — ccxxvi,
SUCCÈS. — lxii, lxxv.
SUFFISANCE. — lxxxv.
SUICIDE. — x, lxxx.
SUPÉRIORITÉ. — xcix, cx.

T.

TALENT. — lxii.
TEMPÉRAMENT. — cxix.
THÉORIE. — cxlvi.
TIMIDITÉ. — xviii, lxxxii, clx;
TON (manières). — cl.
TON (mauvais). — lxxi.
TORT (avoir). — lvii, cix.

TRANQUILLITÉ. — xxvii, cci.
TRANQUILLITÉ D'ESPRIT. — ccxi.
TRAVAIL. —. cx, cxi, cxlvi, clxxiv.
TRISTESSE. — clxxxix.
TURBULENCE. — cv.

U.

URBANITÉ ROMAINE. — clxv.
UTOPIE. — cx.

V.

VANITÉ. — xxix, xxxix, cx, cxii, clxii, clxx, ccvii, ccx, ccxxv.
VENGEANCE. — cxlviii.
VÉRITÉ. — cxxiv.
VERSATILITÉ. — lxxxi.
VERTU. — xvi, xcix, cxliii, cxcii, ccxvii, ccxxvi.
VERTU DES FEMMES. — xcix.
VERTUS. — clxxxiii.
VICE (LE). — xcix, ccxxvi.

VICES. — CLXXXIII.

VIE. — XXVIII, XLIII, XLV, LXII, XCIX, CIII, CX, CLIII, CLXIX, CLXXXVIII.

VIE CONTEMPLATIVE. — CXIX.

VIE DU BAGNE. — CLXVII.

VIE EXTÉRIEURE. — XLVIII.

VIEILLESSE. — XLIX, XCI.

VIE PRIVÉE. — LXXX.

VIE SOCIALE. — CXVI, CCXXVI.

VOLONTÉ. — CXLIX, CLXXX.

Z.

ZOROASTRE. — CCXXVI.

FIN DE LA TABLE ANALYTIQUE.

TABLEAUX DE LA VIE DE MONTAIGNE.

I. La philosophie dans l'amour.. . . Pages 183
II. Fanatisme et tolérance. 197
III. La lettre de mademoiselle de Gournay. 209
IV. Recueillement. 219

www.ingramcontent.com/pod-product-compliance
Lightning Source LLC
Chambersburg PA
CBHW070652170426
43200CB00010B/2207